电力

Electric Power
Silk Road

丝绸之路

梁才　徐杨　宋海旭　刘拓　著

中国电力出版社
CHINA ELECTRIC POWER PRESS

内 容 提 要

　　"一带一路"倡议是构建人类命运共同体的伟大实践，是重构全球治理、促进共同繁荣、助推和平发展的创新之举。电力是国家经济发展的重要基础产业，在国民经济体系中发挥着重要的基础性作用。加强电力领域合作是实现"一带一路"沿线国家互利共赢、促进民心相通的重要基础。

　　本书以落实电力领域"一带一路"倡议为背景，提出构建电力丝绸之路的构想，并从电网互联互通、电力经贸畅通、标准认证贯通和资本资金融通四个方面，分析"一带一路"沿线地区电力互联互通现状和问题，提出实现沿线各国互联互通的发展路径和重点举措。

　　本书可供"一带一路"沿线国家有关利益相关方及能源电力领域人士阅读使用，也可供所有关注"一带一路"、能源电力发展的普通读者阅读参考。

图书在版编目（CIP）数据

电力丝绸之路 / 梁才等著.—北京: 中国电力出版社，2019.1（2019.11重印）
ISBN 978-7-5198-2732-8

　　Ⅰ.①电…　Ⅱ.①梁…　Ⅲ.①电力工业—国际合作—研究—中国
Ⅳ.①F426.61

中国版本图书馆 CIP 数据核字（2018）第 273045 号

审图单号：GS（2019）314 号

出版发行：中国电力出版社
地　　址：北京市东城区北京站西街 19 号（邮政编码 100005）
网　　址：http://www.cepp.sgcc.com.cn
责任编辑：周天琦（010-63412243）
责任校对：黄　蓓　常燕昆
装帧设计：张俊霞
责任印制：钱兴根

印　　刷：三河市万龙印装有限公司
版　　次：2019 年 1 月第一版
印　　次：2019 年 11 月北京第二次印刷
开　　本：880 毫米 ×1230 毫米　大 32 开本
印　　张：5.5
字　　数：105 千字
定　　价：50.00 元

　　"一带一路"倡议是构建人类命运共同体的伟大实践，是重构全球治理、促进共同繁荣、助推和平发展的创新之举。"一带一路"沿线地区经济总量约占全球的 30%，人口总量超过全球 60%，经济、贸易增长速度均高于世界平均水平，经济发展潜力巨大。"一带一路"沿线地区拥有超过全球 65% 的石油、天然气可采资源量和超过全球 40% 的煤炭资源探明储量，新能源富集，是世界能源资源宝库。"一带一路"沿线地区多数为新兴经济体和发展中国家，人均用电量、人均装机容量均低于世界平均水平，具有巨大的电力需求和广阔的发展空间。改革开放 40 年来，中国电力工业已经取得巨大成就，电源电网科技水平、电力装备制造能力、电力工程设计建设、电力工程管理水平等实现跨越式发展。"一带一路"沿线国家人均用电量相对较低，电源电网基础设施相对落后，对电力投资建设具有刚性需求，这与中国先进的电源电网建设、电力装备制造、电力工程管理等能力形成优势互补。加强与"一带一路"沿线地区电力领域合作，对促进中国与"一带一路"沿线国家电力事业共同发展和互利共赢具有重要意义。

　　《电力丝绸之路》一书以落实电力领域"一带一路"倡议为背景，提出构建电力丝绸之路的构想。从电网互联互通、电力经贸畅通、标准认证贯通和资本资金融通四个方面，分析"一带一路"沿线地区电力互联互通现状和问题,并提出实现沿线各国互联互通的发展路径和重点举措。电力丝绸之路东连活跃的亚太经济圈,西接发达的欧洲经济圈,跨越能源资源丰富但电网基础设施薄弱的中间地带,与沿线国家的能源资源禀赋优势、市场需求充分对接,将为中国和沿线国家创造难以估量的经济、社会和环境价值。加强各国之间的能源电力合作,有利于形成互补共赢、互利互惠的大能源格局。电力丝绸之路的建成,将构建起世界跨度最长、最具发展潜力的电力经济走廊。

电力丝绸之路是"走出去"之路,将加速中国企业国际化步伐。"一带一路"倡议的实施,为中国企业"走出去"创造了难得良机。首先,"一带一路"构想提出以来,中国通过新丝路外交,逐渐加深与"一带一路"沿线国家的政治互信,为推进区域经济发展建立了良好的政治环境。其次,通过简化项目行政审批手续,为企业"走出去"项目缩短了前期审批流程与手续,为企业开展对外合作创造了便利条件。再次,亚洲基础设施投资银行、"丝路基金"等专项基金的金融支持,给中国企业"走出去"增加了底气与实力。同时国家在税收政策、外汇审批、境外投资等方面提供的优惠便利政策,为中国企业"走出去"创造了发展良机。

电力丝绸之路是能源互联之路,将有力助推全球能源互联网的构建。随着世界能源工业的飞速发展,资源紧张、环境污染、气候变化等问题日益突出,严重威胁人类生存及可持续发展。全球能源互联网是以特高压甚至更高电压等级的电网为输电通道，以输送清洁和可再生能源为主、全球互联的智能电网。全球能源互联网将最大限度地开发利用清洁和可再生能源，减少对一次能源资源的依赖，利于对环境的保护，是保障全球清洁能源高效开发和可靠供应、推动人类社会可持续发展的重要举措，也是解决制约人类社会发展的能源安全、环境污染和温室气体排放问题的治本之策。在此背景下，中国电力企业可以"一带一路"能源互联互通为突破口，推进跨境输电通道建设，搭建区域能源互联网。通过实现区域性互联，推进全球能源互联网的建设。

电力丝绸之路是光明复兴之路，促使沿线国家、地区共同繁荣发展。秉承"和平合作、开放包容、互学互鉴、互利共赢"的"丝路精神"，电力丝绸之路承载着中国梦与斯里兰卡梦、俄罗斯复兴梦、印尼海洋强国梦、蒙古梦的对接，电力丝绸之路将通过电网互联互通、电力经贸畅通、标准认证贯通、资本资金融通，实现中国硬实力和软实力在全球的认同认可。可以确信，电力丝绸之路将凝聚越来越多的国际共识，一条互尊互信之路、合作共赢之路、光明复兴之路日渐呈现，通向沿线经济持续繁荣、各国人民共享美好的光明前景。

本书的出版离不开国网能源研究院领导、专家和同事的帮助和指导。国网能源研究院企业战略研究所马莉所长在全书写作过程中给予大力支持，并提出了很多建设性意见。国网能源研究院张运洲院长、柴高峰副院长、蒋莉萍副院长等领导同志对本书的撰写和出版工作给予了很多关心和指导。国网能源研究院高国伟博士在成稿中给予很多帮助，部分章节得到杨树博士的思想启迪。在此一并表示感谢！

　　"一带一路"是百年大计，电力丝绸之路通向未来。愿与各位读者共同探讨交流，为"中国梦"的实现贡献绵薄之力，恳请您的批评指正。

电力 Electric Power Silk Road 丝绸之路

目 录

第一章 / 建设电力丝绸之路

一、"一带一路"电力合作的意义

加强电力领域合作是实现"一带一路"沿线国家互利共赢、促进民心相通的重要基础。电力是国家经济发展的重要基础产业，在国民经济体系中发挥重要基础性作用。电网是重要的公用事业基础设施，在保障居民生活质量、促进居民消费升级和民生改善中扮演重要角色。截至2016年底，"一带一路"沿线地区人口接近中国3倍，但人均用电量不到1700千瓦时/年，远低于全球平均水平（3000千瓦时/年），更低于中国水平（4000千瓦时/年）。中亚、南亚、东南亚、北非等地区正处于或即将进入工业化发展阶段，电网等基础设施建设落后，电气化水平较低。中东欧和独联体国家电网设备老化、管理不善等问题突出，风力发电、太阳能发电等新能源电力并网面临较大压力，对电网设备升级改造具有刚性需求。加强与"一带一路"沿线国家电力合作，将中国电力领域的先进技术、产能优势与沿线国家市场需求有效对接，能够提高沿线国家供电能力和供电质量，显著改善生产生活条件，促进当地产业转型升级，加速工业化进程，为各国居民带来看得见摸得着的实惠，符合沿线国家的共同利益。

加强电力领域合作是构建全球能源互联网、推动能源清洁转型的重要举措。清洁能源快速发展，逐步替代化石能源，实现绿色低碳发展，是世界能源转型的方向。"一带一路"地区新能源富集但分布不均衡，要低成本大规模开发利用需要将其转化为电能、通过电网实现大范围消纳。2014 年 11 月，习近平主席在加强互联互通伙伴关系对话会上发表重要讲话，指出共同建设丝绸之路经济带和 21 世纪海上丝绸之路与互联互通相融相近、相辅相成。如果将"一带一路"比喻为亚洲腾飞的两只翅膀，那么互联互通就是两只翅膀的血脉经络。2015 年 9 月，习近平主席在联大峰会上发表重要讲话，倡议探讨构建全球能源互联网，推动以清洁和绿色方式满足全球电力需求，得到国际社会普遍赞誉和积极响应。2016 年 9 月，在二十国集团工商峰会（B20 峰会）开幕式上，中国发起全球基础设施互联互通联盟倡议，并推动多边开发银行发表联合愿景声明，加大对基础设施项目的资金投入和智力支持，以加速全球基础设施互联互通进程。2017 年 5 月，在"一带一路"国际合作高峰论坛上，习近平主席提出要抓住新一轮能源结构调整和能源技术变革趋势，建设全球能源互联网，实现绿色低碳发展。电网互联互通是全球能源互联网的重要基础。为满足电力需求，实现资源优化配置，当前世界范围内的多个国家都在积极推进电网互联互通。据国际能源署（International Energy Agency，简称 IEA）预测，2025 年全球电网互联输送容量将比目前再翻一番，超过 5 亿千瓦。未来 20 年全球输电领域投资还将增长三分之一。加强与"一带一路"沿线地区电力合作，推进跨国输电通道、电网互联互通，能够为沿线地区新能源大规模开发利用提供电力外送通道和市场空间，促进各国新能源等支柱产业快速发展，将能源资源优势转化为经济优势，实现跨地区、跨国家的资源优化配置，促进区域经济一体化深入发展，对于"一带一路"沿线地区能源资源协调互济、环境协调发展及实现市场对接、优势互补和互利共赢具有重要意义。

加强电力领域合作是落实"一带一路"建设、国际产能和装备制造合作、培育国际贸易竞争新优势的重要内容。中国《推动共建丝绸之路经济带和 21 世纪海上丝绸之路的愿景与行动》提出，基础设施互联互通是"一带一路"建设的优先领域，推进跨境电力与输电通道建设，积极开展区域电网升级改造。积极推动水能、核能、风能、太阳能等清洁、可再生能源合作，推进能源资源就地就近加工转化合作，形成能源资源合作上下游一体化产业链。《关于推进国际产能和装备制造合作的指导意见》提出"四个积极"，即积极开拓有关国家火电和水电市场，扩大国产火电、水电装备和技术出口规模；积极开展核电领域交流与磋商，推进重点项目合作，带动核电成套装备和技术出口；积极参与有关国家风力发电、太阳能光伏发电项目的投资和建设，带动风力发电、光伏发电国际产能和装备制造合作；积极开展境外电网项目投资、建设和运营，带动输变电设备出口。《关于加快培育外贸竞争新优势的若干意见》指出，鼓励较高技术水平的核电、发电及输变电等行业企业到沿线国家投资；巩固和扩大电力输送合作，加快形成面向中亚、俄蒙、新欧亚大陆桥、东南亚、南亚等地区的国际大通道。抓住沿线国家基础设施建设机遇，带动大型成套设备及技术、标准、服务出口。我国将向丝路基金新增资金 1000 亿元人民币，国家开发银行、中国进出口银行分别新增 2500 亿元和 1300 亿元等值人民币专项贷款，支持"一带一路"基础设施建设、产能、金融合作。

加强电力领域合作是适应经济新常态、推动经济转型升级的重要着力点。中国经济进入增速换挡、结构升级、区域协同、创新驱动的新常态。国家以推进供给侧结构性改革为主线，深入推进"三去一降一补"，对实体经济发展和转型升级提出新要求。国家实施创新驱动发展战略，高端装备、新能源等新兴产业将成为我国经济增长的新动力。电力装备是我国制造产业的重要支柱，电力装备制造业工业总产值约占全国工业总产值的 20%。从我国投入产出表来看，电力装备产业是国民经济体系中完全消耗系数❶最高的产业，如电气机械和器材制造业完全消耗系数为 2.92，电力、热力的生产和供应业完全消耗系数为 2.18，均高于平均水平 1.95。以跨国输电项目为例，在建设期内每年投资 100 亿元，可带动全社会总产出增加约 200 亿元，每年提供 1.4 万个就业岗位。这充分表明，推动电力行业投资、贸易和工程走出去，可发挥重要的投资拉动作用。

综合来看，电力等基础设施互联互通是"一带一路"建

---

❶　完全消耗系数：某种产品部门每提供一个单位最终产品时，需要直接和间接消耗（即完全消耗）各部门的产品或服务数量。

设的优先领域，"一带一路"沿线国家是加强电力装备和电力工程"走出去"的重要市场。加强与"一带一路"沿线国家电力领域合作，既是发挥经贸互补优势的客观需要，也是落实"一带一路"建设、国际产能与装备制造合作、构建全球能源互联网的内在要求。

二、"一带一路"电力合作的机遇

1. "一带一路"沿线地区电力需求和市场潜力巨大

根据预测，2015—2040 年"一带一路"沿线地区年均用电增长达到 4.3%，2040 年总装机容量超过 30 亿千瓦，年均新增装机 8000 万千瓦以上，是全球电力增长最快的地区。2016—2020 年"一带一路"沿线地区包括电源开发、电网建设与运营、电工装备出口、电力资产并购等在内的电力总投资接近 1.5 万亿美元，年均约 3000 亿美元。

分区域看，俄蒙中亚、南亚、东南亚、西亚和北非、中东欧、非洲地区均具有巨大的电力需求和市场发展潜力。

俄蒙中亚地区的煤炭、石油、天然气、水能、风能、太阳能等资源丰富，但开发利用水平低，将能源资源优势转化为经济效益的意愿较强。俄罗斯电力设施老化严重，接纳新能源的能力不足，2015 年线损率高达 10.82%，远高于 5.84% 的世界平均水平。蒙古国和中亚地区处于电力建设快速扩张期，有巨大的电力建设需求。

南亚地区人口众多，但电力发展滞后，缺电情况严重。

阿富汗、孟加拉国的无电人口比重分别达到 50% 和 40%。2015 年，印度人均用电量 852 千瓦时，线损率 21%，远高于亚洲（7.72%）和世界平均水平（5.84%）。

东南亚地区经济增长较快，水电和煤炭资源丰富，但开发水平落后。各国电网互联互通进程加快，但可用电力与开发资金双短缺。

西亚和北非地区油气资源丰富。2015 年，沙特、伊朗、伊拉克、科威特、阿联酋石油储量分别占全球的 15.3%、9.1%、8.1%、5.8%、5.4%。2015 年，中东地区气电机组装机容量占比 67.3%，油电机组装机容量占比 23.3%，埃及气电机组装机容量比重 85.8%。从线损率看，中东地区约为 12.4%，埃及约为 11.9%，均高于世界平均水平。中东国家积极发展新能源，努力摆脱对油气的严重依赖，积极培育新的经济增长点。

中东欧地区目前电力基础设施薄弱、技术落后，急需从海外进口高新电力设备以替换现有老化、低效的设备，对电网进行必要的升级和扩建，以确保国家能源安全。以中东欧 16 国中经济发展强国——波兰为例，其境内 70% 电网设施使用寿命已超过 30 年。目前波兰电网总长约 75 万千米，其中 70.5 万千米为中低压配电网，人均电力消费量低于欧盟水平。

非洲地区拥有 11 亿的人口数量，但电力装机容量仅有 1.65 亿千瓦，人均装机约 0.12 千瓦，人均用电量约 520 千瓦时，大致相当于中国 20 世纪 90 年代水平。随着近年来非洲大陆各国经济稳步增长，IEA 预测未来 30 年非洲电力需求将保持 4% 的增长速度，非洲电力行业投资需求累计达到 1.6 万亿美元。

2."一带一路"沿线地区双边电力贸易、区域联网已初具雏形

中国与周边国家电力贸易经过多年发展，已积累了较为成熟的贸易模式和经验。截至 2016 年底，中国国家电网有限公司已与俄罗斯、蒙古国、吉尔吉斯斯坦等建成 10 条互联互通输电线路，并积极推进与俄罗斯、蒙古国等国电网互联互通。中国南方电网有限责任公司以 3 回 220 千伏、3 回 110 千伏送电通道向越南北部 8 省送电，通过 1 回 115 千伏电压等级向老挝北部 4 省供电，从缅甸瑞丽江一级水电站和太平江水电站进口电力；与香港已形成 4 回 400 千伏线路、7 回 132 千伏线路联网线路，与澳门形成了 5 回 220 千伏、3 回 110 千伏备用的送电线路。截至 2016 年底，南方电网累计向越南送电 330 亿千瓦时，向老挝送电 11 亿千瓦时，从缅甸进口电量 139 亿千瓦时。2016 年，通过南方电网向香港的送电量占其用电量的 27%；向澳门的送电量占其用电量的 83%。

俄罗斯和中亚地区：2014 年 5 月俄罗斯、哈萨克斯坦、白俄罗斯签署《欧亚经济联盟条约》，提出要建立统一电力市场；塔吉克斯坦、哈萨克斯坦、吉尔吉斯斯坦三国正在研究恢复原苏联时期的中亚统一电网。

中亚和南亚地区：2014 年 2 月，吉尔吉斯斯坦、塔吉克斯坦、阿富汗和巴基斯坦四国签署实施"CASA-1000"项目政府间协议，将建设从吉尔吉斯斯坦、塔吉克斯坦向阿富汗、

巴基斯坦输送电力的输变电线路。这将成为组建"中亚南亚区域电力市场"的重要一步。

东南亚地区：2007 年东盟国家签署互联电网谅解备忘录，2008 年大湄公河次区域（GMS）六国政府签署了"GMS 跨境电力交易行动路线图谅解备忘录"，旨在推动东盟国家电网互联互通。

北非和中东欧地区：建设北非太阳能发电基地，深入研究、策划向欧洲输送清洁电力工程，如沙漠太阳能计划。2008 年欧洲提出"欧洲超级电网"，计划实现北部风能、南部太阳能与欧洲水能等资源在全欧洲范围内消纳。总的来看，目前双边和多边电力联网规划已有详细研究和路线图，但仍面临资金来源、技术方案等问题。

3. 我国已经具备电网、电源、装备制造、设计建设和工程管理等全产业链"走出去"竞争优势，为"一带一路"电力合作提供了充分条件

"一带一路"沿线国家电力发展呈现四大特点：电力设施老化面临更新改造但缺少先进技术装备、新增的电力绿地投资需求大但缺少资金、电力工程建设量大但缺少施工能力、电工装备需求量大但本土装备制造产业基础薄弱。这些对于外资和先进生产力的需求与中国已经具有的电网、电源、装备制造、管理等优势非常契合。

（1）从电网领域看：中国掌握特高压输变电核心技术和全套设备制造能力，建成代表世界最高水平的"八交十直"

特高压输电工程并始终保持安全可靠运行。特高压输电技术占用线路走廊少、单位容量造价低，输电距离长、输送容量大、损耗小，成为解决"一带一路"沿线国家电力资源大范围优化配置的先进可行的技术方案。

（2）从电源领域看：中国已实现世界上性能最先进的百万千瓦超（超）临界燃煤凝汽式汽轮发电机组和百万千瓦空冷发电机组完全国产化；掌握大容量抽水蓄能水电机组的核心技术；以三峡工程建设为标志，水电技术已达到世界领先水平；掌握兆瓦级风力发电机组整机及关键部件的设计、制造和实验技术，已具备量产能力；实现百万千瓦级核电站"自主设计、自主制造、自主建设、自主运营"，具有完整自主知识产权的核电品牌"华龙一号"和CAP1400，已成为中国核电技术竞逐海外市场的两大利器。

（3）从装备领域看：中国600兆瓦、1000兆瓦超（超）临界燃煤发电机组的锅炉、汽轮机及发电机已完全能够自主设计制造；大型水轮发电机组已完全实现自主研发、设计和制造，产品质量达世界一流水平；风电设备、光伏发电设备长期占据全球市场份额首位；三代核电机组CAP1400设备的国产化率超85%，跻身世界核电大国行列；世界最高输电电压等级的1000千伏交流和±800千伏直流输电设备已全面实现国产化。

（4）从运营管理看：随着电力事业的快速发展和电力企业的管理创新，中国积累了大量大型电网、大型火电、水电、风电、太阳能发电及核电的设计、建设、运营、管理经验。同时，中国电力企业足迹几乎遍及全球，海外业务涉足工程承包、项目投资、运营管理、技术咨询等各领域，逐步积累了"走出去"的实践经验。

（5）从技术标准看：中国在核电、特高压、新能源等战略性新兴产业领域形成了较为完整的标准体系。2008年以来，国际电工委员会（International Electrotechnical Commission，简称IEC）新成立的五个新技术委员会全部由国家电网有限公司发起成立。中国的电动汽车充换电标准体系与美国、德国、日本并列为世界四大标准体系。中国主导制定的特高压、新能源接入等国际标准成为全球相关工程建设的重要规范，特高压工程技术已输出到巴西市场。

综合来看，中国电力企业已经具有从规划设计、工程建设、装备制造、运营管理等全产业链竞争力，工程建设经验丰富，资金信用优势明显，能够为推动相关规划落地提供有力的资金和技术支撑。

三、"一带一路"电力合作的挑战

（1）地缘政治和大国博弈对跨国电网互联互通带来不确定因素。长期以来，美国、俄罗斯、欧盟、日本、韩国等都视中亚等地区为其战略利益的重点区域。2009年，美国开始"重返亚洲"、实行亚太再平衡战略，逐步加大介入亚洲地区事务力度，使得中国与海上丝绸之路沿线国家间的关系趋于复杂。2011 年，中国提出"新丝绸之路"计划，以阿富汗为枢纽推动南亚、中亚的经济一体化和跨区域贸易。俄罗斯主导的欧亚经济联盟战略，旨在强化其在中亚地区的主导势力范围。日本提出"亚洲超级电网"，拟建设连接俄罗斯、中国、蒙古国、韩国和日本的泛亚洲跨国电网。韩国也提出开发俄罗斯远东地区电力资源，通过高压输电线路向韩国输送电力。各国之间的战略博弈对中国与周边国家推动电网互联互通带来不确定性。

（2）部分国家政治局势对地区联网和电力装备制造合作构成威胁。一些沿线国家政局不稳、社会持续动荡，局部地区武装冲突此起彼伏。缅甸、泰国民主转型，巴基斯坦、吉尔吉斯斯坦等国家政治不稳定带来政治风险，突尼斯、利比亚、伊朗、伊拉克、阿富汗、叙利亚和也门等西亚北非国家出现社会震荡和政治冲突，部分国家和地区由于民族和宗教问题所引发的极端主义、恐怖主义和分裂主义盛行，对中国企业在"一带一路"沿线国家开展电工装备制造合作和电力工程承包业务构成现实挑战。

（3）社会环境与法律体系差异、汇率波动和债务风险，给电力投资项目回报带来不确定性。"一带一路"途经不同国家和地区，宗教、文化、社会背景差异大，中亚、南亚等国法律体系不透明、执法随意性大，蕴藏隐性风险。中东欧和部分国家存在较大的经常项目赤字、经济基本面不利，面临较高的主权债务风险，在国际资本市场的融资成本高。俄罗斯面临经济制裁、卢布贬值、通货膨胀攀升、对外贸易减少、资金外流加剧，导致与其经贸关系紧密的中亚国家汇率波动。"一带一路"电网互联互通项目建设周期长，落地电价竞争力对各国税收、贷款利率敏感，投资回报和项目营利性存在不确定性。

（4）中国企业之间在国际市场上存在无序竞争，"抱团""走出去"的协同效应未得到有效发挥。由于电工装备出口中 EPC 业务比重的快速增长，中国电工装备"走出去"呈现设备制造厂商、经贸公司、设计院、工程建设企业、电力企业等"五驾马车"并驾齐驱态势。电力装备出口和国际工程承包市场竞争激烈，部分中国企业缺乏合作意识，无序竞争尤为突出，如在投标工程承包项目过程中竞相压价等。这种缺乏大局观念和意识的行为给中国企业的整体国际形象造成不良影响。

（5）中国企业在技术标准、业绩资质、营销服务体系等存在短板。"一带一路"沿线国家的检验检测认证制度和监管体系各不相同，相互认证水平低，双边贸易时需多次重复检验检测认证。目前电力领域由中国主导的国际标准还不多，中国质量认证在国际上的影响力、权威性都不够，对电工装备产品"走出去"的支撑引领作用没有充分发挥。尽管国内电工装备制造水平与发达国家差距不断缩小，很多产品质优价廉，但通过 KEMA、CESI 等国际权威认证的产品比例不高，在一些特定市场尚未取得销售许可和入网认证。"一带一路"

13

沿线许多国家行业标准长期受欧美标准影响，而不认可中国的行业标准，即使缺少自己国家标准的地区也会因为语言、文化等原因，聘用欧美国家公司提供设计、监理等服务，从而使用欧美标准，为中国企业进入市场和中国标准"走出去"设置障碍。

四、建设电力丝绸之路

基于中国与"一带一路"沿线地区的电力经贸互补优势及电网互联互通的市场需求基础，为了更深层次地加强与"一带一路"沿线地区电力领域合作，亟须建设以电网互联互通、电力经贸畅通、标准认证贯通、资本资金融通"四位一体"为基础的电力丝绸之路。

1.电网互联互通

坚持共商共建共享，充分利用各国政府间协调磋商和战略对话机制，统筹协调电力电网统一规划、能源资源开发、征地、环保、国家财税政策协调和工程建设事项，及时研究解决电网互联互通工程面临的重大问题，推进全球能源互联网建设，推动能源清洁转型和经济全球化发展。在近期，可进一步研究推进与俄罗斯、蒙古国、哈萨克斯坦、巴基斯坦等周边国家跨国输电通道建设，推进与大湄公河次区域和东盟国家电力联网。在远期，可进一步研究以中亚、西伯利亚地区大型可再生能源基地为支撑，建设连接中国、中亚国家和欧洲中部的特高压输电通道；进一步研究以中东太阳能发电基地为支撑向东连接南亚和东南亚地区、向西北连接欧洲南部地区、向西南连接北部非洲地区，形成中东、北非、南亚、欧洲的输电通道；进一步研究以东南亚水电基地为支撑，向北连接中国南方地区、向东南连接大洋洲西北部地区，建设"大洋洲—东南亚—中国"输电通道，促进清洁能源与可再生能源在亚洲、欧洲、非洲、大洋洲实现大范围消纳。

2. 电力经贸畅通

应充分发挥中国电力企业的技术优势、资金优势、成本价格竞争优势和装备产能优势，创新业务拓展方式，积极拓展东南亚、中亚、中东欧、南亚等市场，推动中国电力行业优势产能与"一带一路"沿线国家市场需求有效对接。在电力装备出口领域，借助政府、行业协会和商会"有形之手"统筹协调，规避中国企业在"一带一路"沿线国家市场的无序竞争，加快推动完善境外生产基地、研发中心、营销体系、售后服务体系建设，提升本土化发展水平和全球资源配置能力；在电力工程承包领域，应进一步发挥保险、信贷支撑力度，积极扩大信用保险范围、应保尽保，降低信用保险费率和融资成本，支持企业通过并购境外工程设计企业、施工企业提升 EPC、BOT、BOOT 项目国际竞争力。

3. 标准认证贯通

加强与"一带一路"沿线国家的技术交流，积极推进各国在电力技术标准、电力工程设计资质、电力工程业绩等领域的相互认证水平，带动电力行业技术标准的国际化水平，让更多中国电力装备产品拿到"走出去"通行证，让更多沿线国家用上来自中国的先进技术装备。应探索敦促引导有关国家在电力装备产品原产地认定、关税等方面给予合理认定，提高电力装备产品"大通关"效率，打造"中国制造"新形象，带动国内电力装备产品"走出去"。应加快制定国家标准化战略，政府部门、企业、科研机构、高校发挥协同作用，面向"一带一路"倡议共同加快标准战略规划、技术路线、政策研究和空白标准攻关，尽快建立科学标准体系。支持有实力的企业积极参与国际标准制定，加快优势领域的技术向标准转换，推动更多中国标准成为国际标准。在"一带一路"重大工程建设中推广使用中国标准，推进技术、标准、装备、建设一揽子"走出去"，打造精品工程、示范工程、民生工程，扩大中国标准国际影响力。

4. 资本资金融通

通过二十国集团组织、亚洲太平洋经济合作组织、上海合作组织、亚信会议、南亚区域合作联盟、中国－东盟（10+1）、中日韩－东盟（10+3）和区域全面合作伙伴关系（RCEP）及中阿合作论坛、中国－海合会战略对话、大湄公河次区域合作（GMS）、大图们江流域经济合作（GTI）和中亚区域经济合作（CAREC）等双多边、区域次区域合作机制，积极推动"一带一路"沿线国家之间磋商，敦促和推动有关国家公平放开能源电力领域，出台有利于资本跨国流动的投资促进政策，减少政治性和非商业性因素的干扰，为促进沿线国家电力投资开放创造更多的机遇。积极推动亚投行、丝路基金及世界银行等金融平台下安排电力投资专项基金，进一步加大对境外电网等基础产业领域优质项目并购的金融支持力度，包括资本金支持和优惠贷款，为"一带一路"沿线大型电源基地开发、大型跨国跨区电力通道建设项目提供资金支持。

坚持开放发展、互利共赢，加强与"一带一路"沿线国家电力领域合作，建设电网互联互通、电力经贸畅通、标准认证贯通、资本资金融通"四位一体"为基础的电力丝绸之路，以电网互联互通促进电力大范围优化配置，带动电力装备出口、电力工程企业"走出去"，以电力装备出口和电力工程"走出去"促进业绩资质和技术标准相互认证水平提升，以贯通资质标准降低电力装备出口贸易壁垒、提升电力工程承包竞争力、促进电网互联互通，以资本资金融通机制降低跨国电力投资壁垒、促进电力互联互通，具备坚实的市场基础，能够促进"一带一路"沿线国家互利共赢。

第二章 / 电网互联互通

基础设施互联互通是"一带一路"建设的优先领域，跨国电网互联互通对于实现"一带一路"沿线能源资源优化配置、深化区域经济合作具有重要作用。"一带一路"沿线地区的电力基础设施建设刚性需求大，但普遍面临建设资金缺乏、施工能力不足等难题。中国掌握核电、火电、水电、特高压等核心技术，具有规划设计、工程建设、装备制造、运营管理等全产业链竞争力，部分企业在"一带一路"沿线国家深耕多年，为进一步扩大和辐射周边市场奠定了基础。中国应积极推动"一带一路"区域和次区域基础设施互联互通，推动跨国输电通道建设，以基础设施互联互通推动价值链向"一带一路"沿线布局，实现双方和多方优势互补，助力区域经济一体化发展。

一、沿线重点国家能源电力状况

（一）俄蒙中亚地区

1. 俄罗斯

俄罗斯的石油、天然气、煤炭等资源非常丰富。截至2014年底，俄罗斯石油探明储量141亿吨，占世界石油探明总储量的6.1%，位居世界第6位，陆上石油资源与海上石油资源分别占比87.4%与12.6%；天然气探明储量32.6万亿米³，占世界天然气探明总储量的17.4%，位居世界第2位，仅次于伊朗，储产比为56.4；煤炭探明储量1570亿吨，占世界煤炭探明总储量的17.6%，位居世界第2位，仅次于美国，储产比为 441。

截至 2014 年底，俄罗斯发电装机容量为 2.48 亿千瓦，其中火电装机容量为 1.71 亿千瓦（约占 68.9%）、水电装机容量为 0.52 亿千瓦（约占 21%）、核电装机容量为 0.25 亿千瓦（约占 10.1%）。俄罗斯的地理跨域大致可分为欧洲区、西伯利亚区和远东区。俄罗斯电力装机容量的 72% 在欧洲区，主要集中在火电、核电及伏尔加河上的梯级水电站；而西伯利亚区的电力装机容量有一半集中在水电，还有几个百万千瓦以上的火电厂；远东区的电力装机容量占整个俄罗斯装机容量的 7%，主要为火电。俄罗斯的火电主要为凝汽式发电和热电，欧洲区主要利用燃气发电，西伯利亚和远东地区主要利用燃煤发电。俄罗斯联邦统计局官网数据显示，2014 年俄罗斯发电量 10640 亿千瓦时，其中燃煤发电 1570 亿千瓦时（约占 14.8%），燃气发电 5330 亿千瓦时（约占 50%），水力发电 1770 亿千瓦时（约占 16.6%），核能发电 1810 亿千瓦时（约占 17%）。

近年来，随着能源战略环境的不断恶化，电力消费和发电机组更新需求的不断增长，俄罗斯开始加快对能源战略的调整。俄罗斯联邦能源部发布的《俄罗斯能源战略 2030》提出：降低对能源经济的依赖程度、调整能源结构、加大能源科技创新、拓展亚太市场（见表 2-1）。一方面，在能源生产结构方面，降低石油产量，提高天然气、煤炭、电能产量，优化热能供应，加大电力行业总投资。2030 年总装机容量达到 3.124 亿千瓦，其中重点发展核能发电和可再生能源发电，使核能发电和可再生能源发电的比重分别上升到 15.2% 和 3.9%。另一方面，以提高效率为目标，大力采用新技术，加快更新换代步伐。如采用联合循环系统以循环燃气涡轮机取代蒸汽汽轮机，提高 60% 的工作效率；除保持现有的天然气热电站外，积极发展 33 万 ~66 万千瓦以上的以煤炭为原料的热电站，更新改造现有的水力加压反应装置，建立更加有效的增值反应堆等。虽然俄罗斯每年在电力市场上的投资不断增加，资源配置不断调整，但这些调整仍然不能满足其日益增长的电力需求。

表 2-1 《俄罗斯能源战略 2030》具体目标 单位：%

目标指标	2020 年	2030 年
核能发电、水力发电和可再生能源占整体能源结构比例	32	36.50
煤炭占热电站燃料的比例	30~31	31~35
煤炭作为热电燃料的平均能源效率	> 38	> 41
天然气作为热电燃料的平均能源效率	> 50	> 53
核能发电的平均能源效率	> 34	> 36
污染物排放（包括固体、CO、CO_2 和 SO_2）	6.4~6.9	6~6.3
电网损失	≤ 10	≤ 8

数据来源：《俄罗斯能源战略 2030》。

2. 蒙古国

蒙古国自然资源非常丰富，且大部分未进行勘探开发。目前已探明 80 多种矿产和 6000 多个矿点，包括煤炭、铁矿、铜矿、钼矿等。其中煤炭储量约 1520 亿吨、铁矿约 20 亿吨、铜矿约 2.4 亿吨、石油约 80 亿桶。在世界 200 多个国家和地区中，蒙古国矿产资源的蕴藏量位居世界前二十位，人均占有量居世界前列。

虽然蒙古国煤炭资源储量丰富，但国内电力基础设施建设和配套较为落后，目前仍不能满足电力自给自足，部分电力需从俄罗斯、中国进口。截至 2014 年，蒙古国发电装机容量约 100 万千瓦，其中约 90% 来自燃煤发电，其他新能源电站、柴油发电站和水电站分别占 6%、2% 和 2%。蒙古国目前还没有大型水电站，也没有水电站设备的制造能力和水电站的设计建设能力，最早的一个小型水电站是苏联在 1959 年援建的，由中国援建的一座 12 兆瓦和科威特援建的一座 11 兆瓦的小型水电站目前正在建设当中。在亚洲开发银行的资助下，蒙古国有关方面正在进行 100 兆瓦和 220 兆瓦的较大型水电站的可行性研究。同时，蒙古国可再生能源利用率很低，全国可再生能源装机容量不足 7 兆瓦。2014 年，蒙古国共使用电力 6.9 亿千瓦时，其中 76.5% 依靠火力发电，2.8% 依靠可再生能源发电，20.1% 依靠进口。2014 年，蒙古国从俄罗斯通过 7 条线路进口电力约 0.4 亿千瓦时、从中国通过 11 条线路进口电力约 1 亿千瓦时电力，较前一年增长 17.6%。根据蒙古国能源部发展规划，2015—2020 年蒙古国的电力需求增长速度为 5%，到 2020 年电力需求将增长至 8.7 亿千瓦时。

蒙古国共分为中央、西部、阿尔泰—乌里雅苏台、东部和南部五个电力系统，如图 2-1 所示。中央电力系统管辖杭爱地区、中央地区、乌兰巴托和东南地区，装机容量为86.3万千瓦；西部电力系统管辖西部地区巴彦乌列盖省、乌布苏省、科布多省，装机容量为2.7万千瓦；阿尔泰—乌里雅苏台电力系统管辖西部地区戈壁阿尔泰省、扎布汗省，装机容量为6.7万千瓦；东部电力系统管辖东部地区，装机容量为3.6万千瓦；南戈壁省单独划分出南部电力系统，装机容量为1.8万千瓦。蒙古国输电线路主要为220、110、35、15、6~10千伏，输电线路总长23956千米，其中6～35千伏线路长度占80%左右。蒙古国现已形成以第四电厂为中心、以220千伏为主要送电线路的网架结构。

图2-1 蒙古国电力系统区域划分

3. 哈萨克斯坦

哈萨克斯坦油气资源丰富，主要集中在该国西部地区的滨里海、北乌斯秋尔特和曼格什拉克等盆地。截至2014年底，哈萨克斯坦石油探明储量39亿吨，在前苏联地区仅次于俄罗斯，居世界第12位，储产比为48.3。2014年，哈萨克斯坦石油产量8080万吨,排名世界第17位。哈萨克斯坦三大油田——卡沙甘油田、卡拉恰干纳克油田和田吉兹油田产量占全国产量一半以上。国际能源署及哈萨克斯坦政府预计,2020年哈萨克斯坦石油产量将增加到1.4亿吨左右,进入世界前十大产油国之列。

哈萨克斯坦天然气探明储量1.5万亿米^3,储产比为78.2。与石油资源类似,哈萨克斯坦天然气储量也主要集中在三大气田,其中卡沙甘气田储量占12%,卡拉恰干纳克气田储量占46%,田吉兹气田储量占12%。2014年,哈萨克斯坦天然气产量193亿米^3。

哈萨克斯坦煤炭资源也十分丰富,截至2014年底,哈萨克斯坦煤炭探明储量336亿吨,排名世界第八,储产比为309。

哈萨克斯坦大部分煤田分布在哈萨克斯坦中部的卡拉干达州(卡拉干达、埃斯基巴斯图兹和舒巴尔科里煤田)和北部的巴甫洛达尔州(图尔盖煤田)。2014年,哈萨克斯坦煤炭产量1.1亿吨,排名世界第十。

哈萨克斯坦可再生能源潜力巨大。由于地处北半球风带地区,拥有强对流气候,哈萨克斯坦50%以上地区年均风速达4~5米/秒,风能是哈萨克斯坦最具前景的可再生能源。哈萨克斯坦境内的莫因库姆沙漠、咸海沿岸沙漠太阳能资源丰富,每年日照时间约2200~3000小时。

截至2016年,哈萨克斯坦全国共有大小各类电站约70个,发电装机总容量 2206 万千瓦,可用容量 1710 万千瓦,约占中亚地区总装机容量的 45.4%。其中火电装机容量 1908 万千瓦,约占 86.5%,水电装机容量 289 万千瓦,约占 13.1%,其余为可再生能源发电。目前,哈萨克斯坦现有的发电能力完全可以满足国内电力消费。根据哈萨克斯坦能源部的数据,2014 年哈萨克斯坦国内用电量为 916 亿千瓦时,同比增加 2.2%,发电量为 939 亿千瓦时,同比增加 2.1%,进口电力 6.442 亿千瓦时,出口电力 2.9185 亿千瓦时。

哈萨克斯坦电网的最高电压等级为 1150 千伏(已降压至 500 千伏运行),主网电压等级为 500 千伏,电压等级序列包括 0.4、6、10、35、110、220、500 千伏,跨国联网电压等级为 110、220、500 千伏。据哈萨克斯坦国家电力统计部数据,2012 年哈萨克斯坦电网输电线路总长度为 50.3 万千米,其中 0.4~35 千伏线路长度超过 40 万千米,各电压等级线路长度如图 2-2 所示。

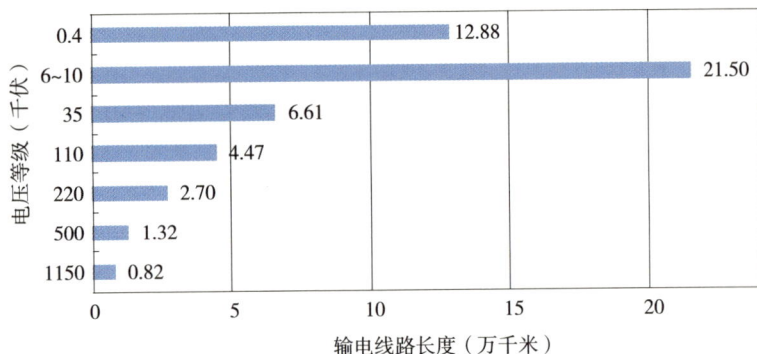

数据来源:哈萨克斯坦国家电力统计部。

图 2-2 哈萨克斯坦各电压等级输电线路长度

哈萨克斯坦全国的输配电网络分为三个区域：南部地区，包括阿拉木图市、阿拉木图州、江布尔州、克孜勒奥尔达州和南哈萨克斯坦州；西部地区，包括阿克纠宾斯克州、阿特劳州、西哈萨克斯坦州和曼吉斯套州，该地区电网与俄罗斯电网相连；东部和北部地区，包括阿斯塔纳市、阿克莫拉州、东哈萨克斯坦州、卡拉干达州、科斯塔奈州和巴甫洛达尔州。其中，北部地区煤炭和水力相对丰富，集中了全国79.2%的发电能力，富余电力还输往本国中部地区或出口至俄罗斯。而西部和南部为电力短缺地区，发电装机容量占比分别为10.8%和10%，对于电力紧张状况，通过北部地区送电及从吉尔吉斯斯坦和乌兹别克斯坦国家进口电力等可得到部分缓解。前首都阿拉木图地区是典型的缺电地区，电力需求量每年增加10%左右，是哈萨克斯坦全国平均电力年需求增量（5%~6%）的两倍。

哈萨克斯坦政府出台的《2020年电力发展纲要》提出，未来的重点发展方向是核能和可再生能源。2020年以前，哈萨克斯坦全国发电量达到1202亿千瓦时，用电量达到1160亿千瓦时，电力生产100%满足国内需求。改善电网结构，合理配置电力资源，对现有发电和配电基础设施设备完成改造。在全国建成统一的电力系统，与俄罗斯和中亚国家实现联网。大力发展清洁能源，2020年前可再生能源占能源消耗总量的比重超过3%，最终目标是保障国内电力供应，发展出口潜力，形成有竞争力的电力市场。

4. 乌兹别克斯坦

乌兹别克斯坦的电源装机主要为火力发电和水力发电。截至 2014 年，乌兹别克斯坦电源装机容量为 1300 万千瓦，其中火电厂 11 座，装机容量 1120 万千瓦，占比 86.2%；水电站 31 座，装机容量 179.4 万千瓦，占 13.8%。但其发电设施老化严重，将近 40% 的机组已经接近或超过其运行寿命，一些老旧发电机组的运行效率已显著降低。根据我国商务部网站数据，2016 年乌兹别克斯坦能源公司发电总量达 590 亿千瓦时，同比增长 7.3%。其发电量基本满足本国内部消费，少量出口邻国，电量进口微乎其微，约占发电量的 1%。

乌兹别克斯坦电网电压等级最高为 500 千伏，总输电线路 23.5 万千米，其中，500 千伏以上线路占比 0.7%，220 千伏线路占比 2.6%，110 千伏线路占比 6.2%，35 千伏及以下线路占比约 90.5%。乌兹别克斯坦电网是中亚电网的枢纽，目前已经与中亚其他国家建立了较为紧密的电网联系，跨国线路主要以 220 千伏和 500 千伏为主，乌兹别克斯坦与周边国家的电力互联情况如表 2-2 所示。

表 2-2　乌兹别克斯坦与周边国家互联线路

目的国	线路	电压等级（千伏）	长度（千米）	输电能力（兆瓦）
哈萨克斯坦	塔什干热电站—希姆肯特	500	105	900
	塔什干热电站—希姆肯特	220	117	310
	塔什干热电站—日里卡	220	110	240

续表

目的国	线路	电压等级（千伏）	长度（千米）	输电能力（兆瓦）
吉尔吉斯斯坦	罗琴—托克托古尔水电站	500	178	850
	罗琴—"十月"电站	220	2 x 87	450
	罗琴—奥什	220	2 x 65	250
塔吉克斯坦	克孜尔—拉瓦特—克里斯达尔	220	28	260
	萨尔多尔—克里斯达尔	220	69	320
	索金—阿尔泰	220	2 x 46	200
	法曾曼—"十月"电站	220	2 x 35	130
	尤尔杜兹—克里斯达尔	220	62	320
	列加尔—苏尔汗	500	162	460
	列加尔—杰纳乌	220	49	260
	列加尔—古里贾	220	48	260
	锡尔电站—扎里亚	220	75	300
	锡尔电站—霍吉肯特	220	47	260
	锡尔电站—乌兹洛夫电站	220	2 x 4	500
	萨雷巴扎尔—鲁达基	220	88	250
	撒马尔罕—鲁达基	220	86	250
	欧比哈耶特—阿什特	220	48	260
土库曼斯坦	马雷电站—卡拉库尔	500	369	850
	塔西阿塔斯热电站—南方电站	220	65	170
	南方电站—霍列兹姆	220	92	170
	卡拉库尔—土库曼纳巴德	220	67	200

乌兹别克斯坦在可再生能源方面拥有巨大潜力，其中约

97% 为太阳能，乌兹别克斯坦每年阳光明媚的天数达到 320
天左右，全国各地区全年日照时间达 2410~3090 小时，超过
太阳能行业全球领先的德国和现代太阳能的发源地西班牙。
据世界银行估计，乌兹别克斯坦太阳能总潜力超过约 510 亿
吨石油的能量。另外，乌兹别克斯坦还有大量多风区域和山
区河流，这些能源均可用来发电。乌兹别克斯坦将大力发展
可再生能源，并签署了《关于进一步发展可再生能源措施》，
旨在提高可再生能源科研水平。未来，乌兹别克斯坦将逐渐
提高可再生能源（主要是太阳能）比重，预计到 2030 年达到
7.2%（目前该比重不足 1%）。为此，乌政府将加大对该领域
的融资力度，兴建一批项目，包括融资 7 亿美元到 2020 年前
在撒马尔罕州、纳曼干州和苏尔汉河州建设总功率为 10 万千
瓦的光伏电站，以提高可再生资源利用率。

5. 塔吉克斯坦

塔吉克斯坦水力资源非常丰富，居世界第八位，人均水
资源量位列世界第一位。塔吉克斯坦 14.31 万千米^2 的国土面
积里，长度在 10 千米以上的河流有 947 条，总长 2.8 万千米，
河网密度达 0.6 千米 / 千米^2，因此塔吉克斯坦的电源装机基
本以水力发电为主。截至 2016 年，塔吉克斯坦水电总装机容
量为 550 万千瓦，占全国总装机的 93%。北部的泽拉夫尚河、
中部的卡法尔尼冈河和瓦赫什河、南部的喷赤河等 4 大水系
共建有约 30 座大、中、小型水电站，其中绝大部分水电站集
中在瓦赫什河上，为阶梯水电站。境内较大的水电站有努列

克水电站（装机容量 300 万千瓦）、桑格图德 1 号水电站（装机容量 67 万千瓦）、桑格图德 2 号水电站（装机容量 22 万千瓦）和拜巴津水电站（装机容量 60 万千瓦）等。除水电站外，塔吉克斯坦还建有 3 座热电厂，即杜尚别热电厂、亚万热电厂及杜尚别 2 号热电厂，装机容量共计 41.8 万千瓦，占全国总装机的 8%。

2016 年塔吉克斯坦年发电量为 172 亿千瓦时，年需求量约为 230 亿~250 亿千瓦时。由于水电丰枯期出力悬殊，丰水期大量弃水，枯水期又缺电严重，甚至无法满足工农业生产的基本需求，由此产生的电力缺口主要从乌兹别克斯坦和吉尔吉斯斯坦进口解决。2016 年 12 月底，世界银行发布的《倾听塔吉克斯坦》研究报告指出：当年塔吉克斯坦供电服务变差，停电次数增长了 30%。造成这种状况的原因之一有可能是水电设施严重老化，虽然塔吉克斯坦已经建成了部分新发电站，但仍有大多数电站设施严重落后，需要升级改造和扶持。

塔吉克斯坦电网分为中南部杜尚别—瓦赫什电网、北部索格德州电网、东部帕米尔（巴达赫赫尚自治州）电网 3 大电网。其中，中南部的杜尚别—瓦赫什电网与北部索格德州电网通过 1 回 500 千伏交流线路相连，东部帕米尔电网为独立电网。输电电压等级为 500、220、110 千伏，塔吉克斯坦现有 500 千伏输电线路 660 千米，220 千伏线路 1336 千米，110 千伏线路约 3000 千米。其电网除与乌兹别克斯坦和吉尔吉斯斯坦电网跨国互联外，还与阿富汗边境电网相连，每年夏季可对阿富汗出口电力约 5 亿千瓦时。

塔吉克斯坦历来把大力建设水电站作为国民经济发展的优先领域，《2016 年度国情咨文》中强调：3 年后塔吉克斯坦将实现电力的自给自足。2016 年 11 月，萨尔班水电站现代化改造项目已由亚洲发展银行资助开工，项目共需投入 1.36 亿美元，计划 3 年完工。2017 年，世界银行已批准对塔吉克斯坦努列克水电站改造项目提供 2.25 亿美元资金。努列克水电站发电能力为 3000 多兆瓦，保障了塔吉克斯坦全国近 70% 的发电量，是最主要的电力供应站，对该水电站改造有助于确保国家电力供应，尤其是确保冬季供电的稳定。至今已投资 15 亿美元的罗贡水电站第一台机组将于 2018 年开始发电，届时将对季节性缺电起到巨大的缓解作用。

6. 吉尔吉斯斯坦

吉尔吉斯斯坦水力资源丰富（尤其是纳伦河和萨雷贾兹河），水能蕴藏量在独联体国家中居第三位，仅次于俄罗斯和塔吉克斯坦。全国约有 252 条大、中河流，蕴藏着 1850 万千瓦水能，每年潜在的水力发电能力 1420 亿千瓦时（仅北部纳伦河就可以兴建 22 个水电站，发电能力高达 300 多亿千瓦时），但目前仅开发利用 10% 左右。全国的小河流平均径流量为 3~50 米 ^{3}/ 秒，每年可发电 50 亿~80 亿千瓦时，但目前仅开发了约 3%。因此，目前吉尔吉斯斯坦的电力装机以水电为主，现有发电站 18 个，其中水电站 16 个、热电站 2 个，总装机容量 368 万千瓦。目前，在纳伦河上已经修建水电站 5 个，发电量约占吉尔吉斯斯坦发电总量的 80%，较大的电站有托克托古尔水电站（装机容量 120 万千瓦）、库尔普萨伊水电站（装机容量 80 万千瓦）、塔什库梅尔水电站（装机容量 45 万千瓦）、比什凯克热电站（装机容量 58.8 万千瓦）等。

2015 年，吉尔吉斯斯坦发电总量 130 亿千瓦时，同比下降 11.2%，基本可满足国内工农业生产需求。除自用外，吉尔吉斯斯坦每年约有 25 亿千瓦时的电力可供出口。主要出口对象是独联体成员，特别是周边邻国，如哈萨克斯坦、塔吉克斯坦、乌兹别克斯坦和俄罗斯等，近年来还积极寻求向中国和南亚国家出口。其计划在流量最大的纳伦河上建设的卡姆巴拉津大型水电站，装机容量 226 万千瓦，建成后预计每年可出口电力 100 亿千瓦时。由于吉尔吉斯斯坦电力装机以水电为主，出口电量与当年丰水枯水关系较大，因此电力供应不太稳定。

吉尔吉斯斯坦主网架电压等级由 500 千伏、220 千伏和 110 千伏构成，500 千伏电网与塔吉克斯坦、乌兹别克斯坦和南哈萨克斯坦电网相联。110 千伏及以上输电线路长度为 6518 千米，其中 500 千伏线路 541 千米，220 千伏线路 1714 千米，110 千伏线路 4353 千米；110 千伏及以上变电站 188 座，变电容量 850 万千伏安。其电网分为北部电网和南部电网两个部分，北部电网与南部电网目前通过一回 500 千伏线路联系。

跨国联网方面，目前吉尔吉斯斯坦通过两回 500 千伏交流线路（伏龙芝变电站—阿拉木图变电站，伏龙芝变电站—

扎姆贝尔变电站）和三回 220 千伏交流线路与哈萨克斯坦相联；通过一回 500 千伏交流线路（托克托古尔水电站—萨尔多尔变电站）和多回 220 千伏交流线路与乌兹别克斯坦电网相联；通过一回 220 千伏交流线路（500 千伏线路现降压至 220 千伏运行）和两回 110 千伏交流线路与塔吉克斯坦电网相联。

对吉尔吉斯斯坦来说，电力领域的首要任务是保证国家的能源安全，其次是提高发电量，降低生产成本，提高经济效益。由于吉尔吉斯斯坦主要依赖水力发电，尽管丰水期电力生产留有剩余可供出口，但在某些月份或季节（枯水期）发电燃料在一定程度上需从邻国进口。因此在本国煤炭、油气以及石化产业能够完全满足国内燃料需求之前，吉尔吉斯斯坦需要处理好与中亚其他国家尤其是乌兹别克斯坦和哈萨克斯坦的关系。

7. 土库曼斯坦

2014 年，土库曼斯坦的电力总装机容量为 427.5 万千瓦，全国共有 13 座电站发电，包括 14 组蒸汽机组和 32 组燃气机组。土库曼斯坦电网输电电压等级为 35、110、220、500 千伏，输变电线路总长约 1.5 万千米，变电站 400 多个。其中 500 千伏的输变电线路主要有马雷—卡拉库尔（长度为 370 千米）、谢津—达绍古兹（长度为 379 千米）；220 千伏的输电线总长度为 2000 千米；110 千伏的输电线总长度为 7600 千米；0.4~10 千伏的输变电线路约 1 万千米，变电站约 1 万个。

土库曼斯坦与周边国家的电力互联紧密，与塔吉克斯坦、阿富汗、伊朗和土耳其均有不同电压等级的互联线路。土库曼斯坦与阿富汗主要通过两条线路互联，一条是从土库曼斯坦的谢尔赫塔巴特到阿富汗的安德胡伊，另一条是从土库曼斯坦的谢尔赫塔巴特到阿富汗的图尔古津和杰拉特；与西南部的伊朗和土耳其互联主要通过两条线路：一条是从土库曼斯坦的巴尔坎纳巴特经伊朗甘特到达土耳其霍伊巴什卡列，另一条是从土库曼斯坦的马雷经谢拉赫斯到达伊朗萨拉赫斯和马什哈德。

《土库曼斯坦 2013—2020 年电力行业发展方案》对实施国家社会经济改革战略起到重要作用。该纲领性文件指出，土库曼斯坦将新建 14 座发电站装机总容量约为 385 万千瓦，到 2020 年发电量将达到 264 亿千瓦时，2030 年达到 355 亿千瓦时。

（二）东南亚地区

1. 缅甸

2016 年，缅甸电力总装机容量为 524 万千瓦，其中水力发电 319 万千瓦（约占 60.9%），燃气发电 183 万千瓦（约占 34.9%），燃煤发电 12 万千瓦（约占 2.3%），燃油发电 10 万千瓦（约占 1.9%）。其中水力发电主要集中在缅甸的北部和东部地区，建有超过 15 座水电站；火力发电只有掸邦南部蒂吉的一个 120 兆瓦的发电站。缅甸用电中心在中部和南部地区，仰光、曼德勒和内比都地区人口密度高，电力需求正在迅速增加。

缅甸总发电量接近 100 亿千瓦时。但这远远不能满足国家经济发展与人民生活对电力的需求，仍处于严重缺电阶段。工业开发区和居民用电都不能得到保证，每天都有可能遭遇停电状况。在掸邦及克钦邦等地区，还有近 5 万个村庄及小城镇尚未实现供电。同时，缅甸供电质量极差，几乎每个单位、企业、居民家庭都装有柴油发电机和调压器。缺电问题主要包括两方面的原因：一方面是电源开发不足，电力总量无法满足需求；另一方面是现有的输电线路和配电设施不能满足电力输送需求，亟待改造和建设。2010—2011 年缅甸人均年用电量为108 千瓦时，2015—2016 年增至 222 千瓦时，尽管如此在全国一千多万的家庭中也只有 34% 的家庭能用上电。

目前缅甸电网主要分 230、132、66 千伏 3 个电压等级；包括 42 条 230 千伏架空线，总长度 3015 千米；35 条 132 千伏架空线，总长度 2058 千米；16 条 66 千伏架空线，总长度587 千米。输电线路大多是单回路的，双回路的比较少。缅甸的配电网电压主要包括 33、11、6.6 千伏。配电变压器供应单相和三相 400/230 伏供终端客户使用，大部分的传输线路是单回线的。目前缅甸城市配电网损耗过大，急需大规模改造，但政府缺少资金，希望缅甸本地公司投资参与，采取收电费还款方式结算。

缅甸 5200 万人口中，70% 的人口居住在农村，只有 30%的人使用电力。柴火、木炭等传统能源在能源使用总量中占比高达 76%，石油、天然气等能源使用占比 23.6%。缅甸能源消费比例如图 2-3 所示。在能源结构中，电力尤为重要。缅甸于 2014 年制定了《国家电力发展规划》。按照该规划，到 2030 年，缅甸电力总装机容量将达到 2878 万千瓦，其中燃气发电 499 万千瓦（约占 17.34%）、燃煤发电 276 万千瓦（约占 9.59%）。为实现这一目标，缅甸每年至少需新增装机约 170 万千瓦。

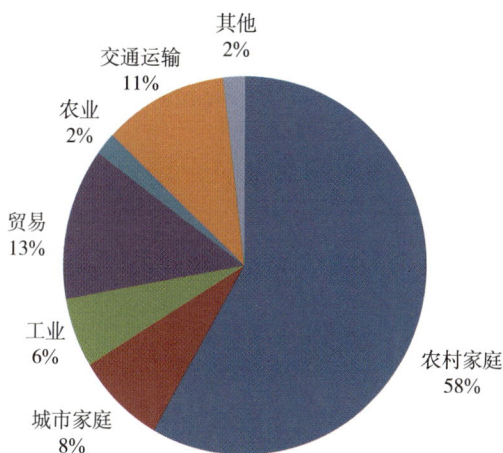

图 2-3　缅甸能源消费比例

2. 越南

越南发电装机总容量约 2100 万千瓦，高压线路 1.3 万余千米。其中，500 千伏线路全长 1531 千米，220 千伏线路全长 3839 千米，110 千伏线路全长 7703 千米。2013 年，越南发电量及进口电量约为 1033 亿千瓦时，其中水力发电占

45%，燃煤发电占 23%，燃气发电占 27%；进口中国电量约 50 亿千瓦时，占 4.8%。

越南电网划分为北部、中部和南部电网。目前通过 230、220、110 千伏输电线路与中国、柬埔寨进行电量进出口交易，计划未来与老挝进行电网互联。未来规划受入电力主要来自中国和老挝。目前越南的电网已经覆盖了 98.2% 的农村，国有越南电力公司（Electricity of Viet Nam，简称 EVN）是唯一的输电企业。全国变电站总功率为 2371 万千瓦。其中，500 千伏变电站功率为 423 万千瓦，220 千伏变电站功率为 847 万千瓦，110 千伏变电站功率为 1100 万千瓦。

中资企业在越南电力市场有较强竞争力，已经完成和正在实施的电力项目包括：海防一期、二期热电项目，锦普一期、二期热电项目，山洞电站项目，沿海一、二、三期热电项目，海阳热电厂等。

3. 印度尼西亚

截至 2015 年底，印度尼西亚电力总装机容量达到 5135 万千瓦，燃煤电站占总装机容量的 51.2%。其中属于印度尼西亚国家电力公司（PLN）和独立发电商（IPP）的装机容量为 4807 万千瓦，占比 93.6%。在过去的五年中，印度尼西亚用电量平均每年增长 8.1%，除爪哇岛在 2015 年电力供需基本达到平衡外，其他岛屿电力发展失衡：苏门答腊岛年均用电量增长 9.4%，年均装机容量增长 5.2%；加里曼丹岛年均用电量增长 10.7%，年均装机容量增长 1%；苏拉威西岛年均用电量增长 11%，年均装机容量非常低；PLN 采用短期租赁电厂来解决电力缺口问题。

2015 年底，印度尼西亚全国电气化率达到 87.5%。为能在 2019 年达到 97.2% 的电气化比率，根据每年设定 6% 的经济增长来预计，所需要的电力基础设施建设需每年增长约 8.8%。作为世界第四大人口国，印度尼西亚目前人均装机容量仅 0.21 千瓦，在广大偏远农村地区、偏僻小岛供电普及率还非常低，即使首都雅加达也经常会因缺电实施轮流停电。印度尼西亚严重的电力短缺问题，成为制约其经济发展的瓶颈。

印度尼西亚共有 8 个互联的区域电力系统与 600 多个独立运行的电力系统，目前尚未与邻国有直接的电力互连。输电网电压包括 500、275、150、70、25/30 千伏五个等级。输电线路总长度约 39395 千米。由于印度尼西亚拥有 17000 多个岛屿，电网仅能覆盖其主要岛屿，爪哇岛和苏门答腊岛拥有贯通整个岛屿的电网，加里曼丹岛东西电网不连通，苏拉威西岛南北电网也不连通。政府为满足当地供电需求，鼓励兆瓦级小水电开发，对兆瓦级小水电项目给予优厚的电价政策。另外，印度尼西亚地处赤道以南，太阳光辐射资源丰富，平均辐射为 4.8 千瓦时/（米²·天），印度尼西亚政府希望借助太阳能开发政策，摆脱各岛屿长期以来对柴油发电的依赖，满足快速增长的负荷需求。

为满足国内日益增长的电力需求，2014 年 9 月印度尼西亚发布《35000 兆瓦电力发展规划》，计划到 2019 年底，新建电力装机容量 36835 兆瓦，燃煤电站装机容量占比 55.9%，燃气和联合循环电站占比 37.3%，其他类型只占 6.8%。其中，70% 的装机容量由 IPP 投资建设，其余由 PLN 自己投资建设，另外配套建设输电线路 46000 千米。

（三）南亚地区

1. 印度

根据印度中央电力局的统计数据，截至 2016 年底，印度电力总装机容量为 30880 万千瓦。其中，就发电装机的电源结构来看，火力发电占 69%，核能发电占 2%，水力发电占 14%，可再生能源发电（包括风力发电、太阳能发电、生物质发电等）占 15%；就发电装机的属性来看，中央、邦和私有的装机容量占比分别为 27%、37%、36%。

印度的电力短缺现象比较严重，2012 年的两次大停电事故折射出印度电力短缺的现实，当年印度全年电量缺口和高峰电力缺口达 8.7% 和 9.0%。2015 年印度人均用电量 1010 千瓦时，仅为中国的 1/4；电力覆盖率仅为 81%，超过 2.4 亿人口无法使用电力。随着人均用电量和电力覆盖人口的增加，印度电力需求将持续增加，扩大装机规模的需求迫切。

印度电网由隶属于中央政府的国家电网（北部、西部、南部、东部和东北部 5 个区域电网组成）和 29 个邦级电网组成，区域电网之间以 400 千伏交流为主。截至 2015 年底，印度已建成的 220 千伏及以上输电线路总计 33.6 万余千米，输电容量总计 63.3 万余兆伏安。印度正在加强特高压直流技术的开发应用，截至 2015 年底，±800 千伏特高压直流输电线路长度占比为 1.04%，输电容量占比 0.24%。印度五大区域电网已实现同步互联。由于印度主要负荷中心集中在南部、西部和北部地区，而能源资源主要集中在东部及东北部地区，决定了印度能源及电力流动具有跨区域、远距离、大规模的特点，输电方向主要为东电西送，再辅以北电南送。由于电源和负荷分布不均衡，印度将在东北地区建设特高压交直流协调配合的输电走廊，以满足东北部和东部大型电源基地开发建设需求。

2. 巴基斯坦

截至 2016 年 6 月，巴基斯坦发电总装机容量为 2542 万千瓦（不包括自有发电设备及进口电力装机容量）。各发电方式装机容量占比如图 2-4 所示。私人投资项目装机容量约占 48%。巴基斯坦传统上主要通过进口昂贵的石油和天然气来保证火力发电，燃油、燃气发电占据了总发电量的 60% 左右，煤炭资源虽较为丰富，但燃煤发电占总发电量的比重仅为 0.4% 左右，未来燃煤发电市场前景较为广阔。巴基斯坦水能资源丰富，水力发电在电力系统中发挥重要作用，占总发电量的比重为 35%。巴基斯坦可再生能源发电和核能发电量较小，仅占总发电量的 0.4%，但是正处于快速增长阶段。

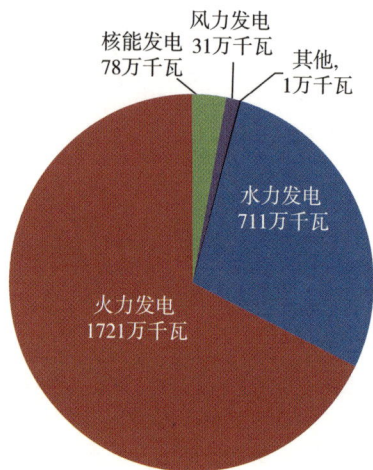

图 2-4　巴基斯坦各发电方式装机容量占比

　　巴基斯坦已形成覆盖全国主要地区的主网架结构，形成南部、北部向伊斯兰堡、旁遮普省负荷中心供电的 500 千伏输电通道，在负荷中心建成环网。其电网按输电区域划分为巴基斯坦国家输电公司（NTDC）、卡拉奇供电公司（KESC）及地方配电公司。巴基斯坦国家输电公司主网架电压等级为500、220 千伏，地方配电公司电压等级为 132、66 千伏，其中 66 千伏电压等级正逐步向 132 千伏过渡。巴基斯坦电网有 500 千伏变电站 12 座，变电容量 1575 万千伏安；220 千伏变电站 29 座，变电容量 182.3 万千伏安；500 千伏线路长度5144 千米，220 千伏线路长度 8358 千米。此外，还有 132、66 千伏低等级输电线路若干条。私有企业经营的线路共有1249 千米，主要包括 220、132、66 千伏线路。

巴基斯坦电力短缺状况严重，预计电力需求约为 2400 万千瓦，实际发电能力只有 1800 万千瓦，存在 600 万千瓦的差距。在缺电严重季节，旁遮普省停电时间达到每天 18~20 小时，即使首都伊斯兰堡夏季每日停电时间也达到 12 小时，绝大部分农村和山区每日停电时间更是高达 20 小时，这严重影响了巴基斯坦的经济社会发展和当地民众的日常生活。近年来，巴基斯坦全社会用电量逐年上升，2020 年、2023 年最大负荷预计将分别达到 3082 万千瓦、3825 万千瓦，2015—2020 年电力需求年均增长率预计为 4.9%，2020—2023 年年均增长率预计达 7.5%（见表 2-3）。为弥补国家存在的巨大电力供需差，巴基斯坦在 2018 年底前兴建数个工程项目，提供 10000 兆瓦的电力供应。仅中巴经济走廊电力工程项目就将获得 350 亿美元投资。2028 年前，巴基斯坦国家电力总供给将有望达到 5300 万千瓦，为经济发展提供充足动力。

表 2-3　巴基斯坦电力需求

年份	2015 年电力需求（万千瓦）	2017 年电力需求（万千瓦）	2018 年电力需求（万千瓦）	2020 年电力需求（万千瓦）	2015—2020 年年均增长率（%）	2023 年电力需求（万千瓦）	2020—2023 年年均增长率（%）
全国	2422	2668	2802	3082	4.9	3825	7.5
其中：NTDC	2121	2335	2449	2685	4.8	3364	7.6
KESC	301	333	353	397	5.7	461	6.4

巴基斯坦政府在《2030年远景规划》中对其电力发展提出了具体规划：鼓励采取PPP或BOT的方式，在各主要河流（特别是印度河）上建设大中型水电站，在水渠或小河上修建小型水电站，力争在2030年前使水电装机容量由646万千瓦提高到3266万千瓦；最大限度发展煤电，使燃煤电站的装机容量在2030年前达到2000万千瓦左右，占总装机容量的18%；积极发展核电，努力实现2030年核电总装机容量880万千瓦的目标；大力开发可再生能源，2010年前在俾路支省和信德省等地建成70万千瓦的风力电站，2030年前可再生能源发电量达到发电总量的5%（970万千瓦时）。加强输电网络的维修和改造，提高输电能力，减少电力损失。

3. 尼泊尔

截至2016年底，尼泊尔总装机容量约85.6万千瓦，其中火力发电装机容量5.3万千瓦（占6.2%），水力发电装机容量80.3万千瓦（占93.8%）。尼泊尔社会用电量需求约为37.5亿千瓦时，而实际供电量只有33.4亿千瓦时，只能满足实际需求的89.1%。其中，本土的水力发电量31.3亿千瓦时，占供电量的93.8%。受资金缺乏及政局不稳定等因素影响，在过去的15年里，水力发电装机容量不到潜在可开发容量的2%。从尼泊尔的水能资源分析，潜在的径流式装机容量和库容式装机容量大致各占一半，而目前已开发的水力发电站主要以径流式电站为主，不具备调节性能。据尼泊尔电力部门预测，到 2020 年电网最大负荷将达 236 万千瓦，需电量约 108.99 亿千瓦时，五年年均电力增长率 8.9%，电量增长率 9.1%；2025 年，电网最大负荷将达 334 万千瓦，需求电量约 155.9 亿千瓦时，五年最大负荷和需求电量的年均增长率分别为 7.2%、7.4%；2030 年电网最大负荷将达 484 万千瓦，需求电量约 227.7 亿千瓦时，五年年均增长率分别为 7.7%、7.9%。

尼泊尔电网目前最高电压等级为 132 千伏，电网频率为 50 赫兹。综合电力系统（INPS）主要规模包括 132 千伏线路全长 2129.7 千米，66 千伏线路全长 511.16 千米；132 千伏变电站 27 座、总容量 137.57 万千伏安，66 千伏变电站 15 座、总容量 46.375 万千伏安。供电方式以点对点供电为主，尚未形成比较统一和坚强的电网结构，不具备全国范围内资源配置能力。尼泊尔目前已与印度电网联网，通过 132 千伏交流线路相连，输电能力约 20 万千瓦。2014 年 9 月，两国又签署一项协议，新建一条 132 千伏交流线路，可将输电能力提高到 40 万千瓦左右。

目前，尼泊尔与印度之间由输变电线路相连。根据双方协议，每年旱季枯水期，尼泊尔从印度进口部分电力；每年丰水期电力生产富余时，尼泊尔向印度出口一部分电力。两国联网在建 1 条 400 千伏输电线路，长 570 千米；在建 3 条 220 千伏输电线路，总长 446 千米；在建 9 条 132 千伏输电线路，总长 793 千米；在建变电站 12 座，总容量 55.9 万千伏安。

4. 阿富汗

截至 2015 年底，阿富汗全国电力总装机容量仅为 60 万千瓦。其中，55.1% 为水力发电，44.7% 为燃煤或燃油发电，0.2% 为其他形式的可再生能源发电。阿富汗电力短缺严重，全国电力需求的三分之二都要靠进口补充，以 2015 年为例，阿富汗全年发电量 10.3 亿千瓦时，而全年消费电量为 47.4 亿千瓦时，剩余部分需要从国外进口，电力进口渠道主要来自周边的伊朗、塔吉克斯坦、乌兹别克斯坦和土库曼斯坦。

目前，阿富汗尚无全国统一电网，现有的 7 条输电线路相互独立，变电站等设施落后，电力输送损耗巨大。阿富汗电网与伊朗、土库曼斯坦、塔吉克斯坦和乌兹别克斯坦之间共有 9 条跨国互联线路，其中 7 条为 110 千伏线路。近年来，阿富汗政府在全国范围内上马了包括从首都喀布尔到普里胡姆里和齐姆塔拉的 165 千米双回路 220 千伏输电线路、海拉潭到马扎里沙里夫共 76 千米单回路 220 千伏输电线路、卡加克到坎大哈高压输电线路等在内的多条输电线路项目。这些输电项目建成后，可扩大从伊朗、塔吉克斯坦和乌兹别克斯坦的电力进口，扩大全国范围电力供应，保持输电系统稳定运行，减少电力损耗，降低运营和维修费用，并最终将现有的 7 条独立输电线路连接，实现全国并网。

（四）独联体地区

1. 乌克兰

乌克兰矿产资源种类较为齐全，煤炭蕴藏量十分丰富，油气资源相对匮乏，对进口依赖严重。煤炭资源十分丰富，截至 2014 年，乌克兰已探明煤炭储量 339 亿吨，占全球煤炭总储量的 3.8%，居世界第 7 位。油气资源较为匮乏，2013 年乌克兰石油探明储量 0.54 亿吨，天然气储量探明为 1.1 万亿米 ^{3}，60% 的石油和 70% 的天然气均依赖进口。乌克兰水力资源理论蕴藏量为 450 亿千瓦，技术可开发量 240 亿千瓦。

除煤炭储量相对丰富外，乌克兰其他资源严重匮乏已严重制约了其经济发展。尤其发生在 2006 年初的"乌俄天然气争端"，更使乌克兰深刻感受到发展能源工业的重要性和紧迫性。乌克兰为了尽快实现国家能源安全战略构想，议会和政府已快速通过并实施了新的能源发展计划。电力和煤炭被定为乌克兰首要能源品种，并计划至 2030 年，在全国兴建 10 个煤炭基地和多座火力发电厂及核能发电站。另外，乌克兰拟加大本国及外埠区域的油气开采规模，以扩充本国的能源战略储备、提高本国的能源利用率。

2014 年，乌克兰电力总装机容量 5489 万千瓦，装机结构以核能发电和火力发电为主，风力发电、水力发电和可再生能源发电所占比重较小。乌克兰的核能发电能力位列欧洲第四，仅次于法、俄、德，目前有 4 座核能发电站 15 台核电机组。规模较大的热电站有：乌格列戈尔斯克热电站、克里沃罗格热电站、布尔什腾热电站和兹米耶夫热电站等。乌克兰水电资源集中在第聂伯河，卡霍夫、第聂伯、卡涅夫、基辅等水电站形成了一个梯级水电站系列。乌克兰是电力生产大国，近年来年发电量在 1700 亿千瓦时以上。

乌克兰现代化的电力工业可与欧洲发达国家媲美，许多指标甚至超过欧洲发达国家。电力工业作为乌克兰未来能源战略中的首要发展对象，其宏伟的扩建蓝图却受到设备老化和技术升级的严重制约，技术改良及设备更新已成为乌克兰电力工业发展亟待解决的问题。

2. 白俄罗斯

白俄罗斯能源资源总体有限，常规能源如煤炭、石油、天然气等均不能自给，严重依赖进口。截至 2013 年，白俄罗斯石油探明储量 2713 万吨，天然气探明储量 28 亿米³，可开采煤炭储量 6770 万吨。白俄罗斯理论水电装机容量可达 85 万千瓦，技术可开发装机容量约 52 万千瓦，经济可开发装机容量 25 万千瓦。截至 2014 年，白俄罗斯已建发电装机容量 920 万千瓦，其中火力发电（以燃气、燃油发电为主）917 万千瓦，占比 99.7%。2015 年，白俄罗斯全国发电量 340.8 亿千瓦时，其中燃气发电及燃油发电发电量分别为 340 亿千瓦时和 3.8 亿千瓦时，其余还有少量的水力发电、生物质发电和燃煤发电。

电力能源行业是白俄罗斯能源工业的核心，是其支柱产业之一。但由于自身燃料资源、水资源及核能发电站储备严重匮乏，白俄罗斯电力能源中进口的天然气份额高达 90%。为了加强能源安全，减少进口能源需求量并有效利用资源，白俄罗斯逐步开始在电力能源领域进行现代化改造。一方面，发展自己的核能发电和可再生能源发电（水力发电、风力发电、生物质发电、太阳能发电等），目前白俄罗斯正在使用俄罗斯提供的 100 亿美元优惠贷款建设核能发电站。核能发电站包含两台机组，总功率 240 万千瓦。另一方面，优化能源结构，逐步对原有热电站进行现代化改造，最大限度地合理利用各类本地燃料。2015 年 2 月白俄罗斯部长会议通过的《2030 年前白俄罗斯社会经济稳定发展国家战略》中提出了能源领域发展目标为：天然气在燃料能源需求中所占比重从 2013 年的 60% 下降到 2030 年的 52%；自俄罗斯进口能源资源占进口资源的比例从 2013 年的 98% 下降到 2030 年的 75%；核能发电站投运后每年可减少 50 亿米^3 的天然气进口；提高国家能源独立水平，初级能源的开采量在燃料能源需求量中的占比从 2013 年的 14.5% 提高到 2030 年的 18%。

3. 格鲁吉亚

格鲁吉亚能源资源相对匮乏，石油储量约 8.5 亿吨，天然气探明储量为 85 亿米^3，煤炭储量为 1.4 亿吨，水力发电资源理论蕴藏量为 1560 万千瓦。水力发电在格鲁吉亚能源消费构成中占据了显著的主导地位。2007—2014 年格鲁吉亚居民能源消费结构中，水力发电占比一直在 70% 以上，远远超过火力发电等其他发电类型，2010 年此数值更是高达 91%。

2014 年，格鲁吉亚全国发电量约为 115.7 亿千瓦时，其中火力发电 20.4 亿千瓦时，水力发电 83.3 亿千瓦时。格鲁吉亚的自然资源禀赋和能源行业发展历程共同造就了其强大的水电生产能力，形成如今的能源消费结构。据格鲁吉亚国家能源与自然资源部、国家投资局测算，格鲁吉亚在 2025 年预期将产生超过 50 亿千瓦时的能源缺口，说明能源行业的潜在发展需求非常强劲。

截至 2015 年底，格鲁吉亚发电总装机容量 371.8 万千瓦，其中火电装机 145.7 万千瓦（占 39.2%），水电装机 226.1 万千瓦（占 60.8%）。格鲁吉亚电网由 500、330、220、110 千伏输电线路形成输电骨干网络，由 110、35、10、6 千伏线路构成配供电网络。格鲁吉亚电网曾属于苏联的泛高加索电网的一部分，目前仍有 500 千伏输电线路与俄罗斯电网相连（容量 80 万千瓦），330 千伏线路与阿塞拜疆电网相连（容量 25 万千瓦），220 千伏线路与土耳其电网和亚美尼亚电网相连（容量分别为 8 万千瓦和 18 万千瓦）。

由两个公司负责运营格鲁吉亚输电网络，即格鲁吉亚国家电网公司和高加索输电线路公司。高加索输电线路公司由格鲁吉亚政府和俄罗斯统一电力公司各持股 50%，负责运营连接格俄两国的 500 千伏输电线路，该线路长 908 千米，其中在格鲁吉亚境内的长度为 600 千米。格鲁吉亚国家电网公司负责国境内其余 500、330、220 千伏和部分 110 千伏输电网络。35、10、6 千伏配电网络分别由格鲁吉亚能源公司

（Energo-Pro Georgia，捷克 Energo-Pro 公司控股）、第比利斯供电公司（Telasi，俄罗斯统一电力公司控股 75%）和卡赫季大区供电公司拥有，其中除卡赫季大区供电公司外，其余供电公司还拥有部分 110 千伏线路。

（五）西亚北非地区

1. 伊朗

伊朗是能源大国，其石油探明储量世界排名第四位、天然气探明储量世界排名第一位。其中，石油产业是伊朗国民经济的中流砥柱，占全部外汇收入的 90% 左右。在伊朗的一次能源消费结构中，油气占绝对主导地位。根据美国能源情报署的资料显示，伊朗天然气在一次能源消费中占 60%，石油占 38%。伊朗也拥有丰富的太阳能和风能资源，90% 的国土每年 300 天具有足够的阳光照射，潜在的风能资源达 2000 万 ~3000 万千瓦，将近占伊朗全国电力消费的一半。

截至 2014 年底，伊朗总装机容量约为 7700 万千瓦。伊朗各发电方式装机容量分布如图 2-5 所示。伊朗国家电网的频率为 50 赫兹，低压为 400/230 伏，中高压电压等级为 20、63、132、230、400 千伏，伊朗目前电力运输线路已达 8 万千米。伊朗能源部负责电厂和电网的规划及发展；伊朗国家电力发展公司负责电网建设运营和电厂建设；伊朗水电资源开发公司负责水电资源的开发和建设。

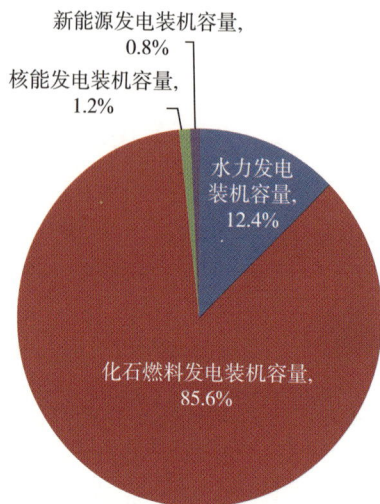

图 2-5　伊朗各发电方式装机容量分布

伊朗能源消费量是全球平均值的 6.5 倍，并以每年 6% 的增速发展，但由于电力技术水平限制，电能损耗非常显著，在到达用户前有 18.5% 的电量被浪费掉。为了满足持续发展的需求，伊朗能源部门必须致力于改造电网并建设更多的发电厂。根据伊朗 20 年发展愿景规划，到 2025 年伊朗发电总装机容量将增加 5 万兆瓦，届时该国能源总产能将达 12 万兆瓦。

2. 埃及

埃及是一个油气储量丰富的国家，根据英国石油公司（BP）能源统计年鉴中的数据，截至 2014 年底埃及石油与天然气探明储量分别为 36 亿桶和 1.8 万亿米³。非洲地区天然气储量 14.2 万亿米³，占世界总储量的 7.6%，其中埃及位列非洲天然气储量第三名；非洲石油储量占世界石油总量的 7.7%，而埃及稳居非洲石油储量前五位。但拥有油气宝藏的埃及，却一直遭遇能源缺口危机。2014 年，埃及石油产量只有 3470 万桶，天然气产量只有 400 余亿米^3；而当年埃及石油消费量与天然气消费量分别为 3870 万桶和 480 亿米^3。

2014 年埃及总装机容量约 3215 万千瓦，其中 2880 万千瓦为燃油、燃气发电，水力发电装机容量为 280 万千瓦，风力发电为 55 万千瓦。埃及电网主要分布在尼罗河干流及下游三角洲地区，输电网络电压等级包括 500 千伏、400 千伏、220 千伏和 132 千伏。截至 2013 年末，埃及全境输电线路总长 4.36 万千米，其中 500 千伏线路 2663 千米，220 千伏线路 1.7 万千米，132 千伏线路 2485 千米。全境输变电容量总和 9592 万千伏安，其中 500 千伏输变电容量 901 万千伏安，220 千伏输变电容量 3843 万千伏安，132 千伏输变电容量 352 万千伏安。

作为国家能源改革计划的一部分，埃及正在大力推动能源消费向可再生能源转变。计划到 2022 年，埃及化石燃料在电力供应中所占比例从当前的 91% 下降至 49%；利用可再生能源提供 20%（风能 12%、水能 5.8% 和太阳能 2.2%）的发电量；风力发电装机容量达到 720 万千瓦。到 2027 年实现，太阳能发电装机容量 350 万千瓦，包括 280 万千瓦的光伏发电和 70 万千瓦的光热发电。

3. 阿尔及利亚

阿尔及利亚是非洲最大的天然气开采国，也是非洲前三大石油生产国，同时还拥有世界上第三大页岩气资源量。
阿尔及利亚于 1958 年开始生产石油，此后不久于 1969 年成
为石油输出国组织（Organization of the Petroleum Exporting
Countries，简称 OPEC）的成员国。阿尔及利亚的经济严重
依赖油气部门的利润。按照国际货币基金组织（International
Monetary Fund，简称 IMF）数据，油气利润约占阿尔及利亚
GDP 的 25%、出口收入的 95% 以上及预算收入的 60%。阿尔
及利亚的电力生产结构也是以油气发电为主。2014 年，阿尔
及利亚总装机容量为 1600 万千瓦，总发电量 642.4 亿千瓦时，
其中燃气发电发电量 628.3 亿千瓦时，燃油发电发电量 11.6
亿千瓦时，水力发电发电量 2.5 亿千瓦时。

全国电网覆盖率达 98%，输电网长度达 26382 千米。全
年电力需求约为 326 亿千瓦时，用电需求年均增长 5.8%。阿
尔及利亚电力市场基本处于供大于求状态，但由于电力输送
线路老化、偷漏电现象严重，部分地区用电紧张现象时有发
生。政府为应对与日俱增的电力需求，预计在 2020 年前在
电力领域投入 3 亿美元，每年增加装机容量 120 万千瓦，至
2030 年清洁能源发电能力达到 2200 万千瓦，清洁能源使用率
达 40%，清洁能源发电量达 130~150 千瓦时。

4. 摩洛哥

摩洛哥的能源资源比较贫乏、能源短缺，约 95% 的能源
需要进口，石油更是重中之重，石油占摩洛哥能源消耗总量
的比例约为 62%。虽然化石资源匮乏，但其风能和太阳能资

源丰富，根据英国安永会计师事务所 2015 年发表的报告显示，全球新能源前 40 位的国家中，摩洛哥位居 23 名，在非洲国家中仅次于南非（第 12 位）。

2014 年，摩洛哥总装机容量为 763 万千瓦，其中火力发电装机容量 531 万千瓦；水力发电装机容量 149 万千瓦；风力发电装机容量 37 万千瓦；其他大企业的自主发电装机容量合计 46 万千瓦。农村电网覆盖率目前已达到 72%。目前，摩洛哥与阿尔及利亚连接线路功率为 120 万千瓦，通过直布罗陀海底电缆与西班牙联网 140 万千瓦。

摩洛哥政府预测，该国 2030 年的总电力需求将达到 9500 万千瓦时。为摆脱对石油进口的依赖，政府制定了可再生能源发展战略，特别是利用当地丰富的太阳能和风能资源，通过国家基金、吸引外资和私人投资等多种方式建设太阳能和风能发电站，计划到 2020 年实现电能消耗约 40% 来自可再生能源，其中太阳能和风能各占 20%。

（六）中东欧地区

1. 波兰

煤炭资源开采是波兰能源供应的基础和创汇的重要来源，波兰是欧洲第二大硬煤生产国和出口国，仅次于俄罗斯，同时也是褐煤的重要生产国。波兰已探明的硬煤储量约为 431 亿吨，主要位于西里西亚和卢布林地区。已探明储量的褐煤为 137 亿吨，主要分布在中部和西南部的露天煤矿。按现有储量计算，波兰硬煤可供开采 155 年，褐煤可开采 30 年。波兰的石油和天然气资源极其匮乏。石油储量和开采量都比较小，几乎全部石油加工工业都严重依赖进口原油。天然气方面也是几乎完全依赖进口，目前俄罗斯仍是波兰最大的天然气供应国。为了减少能源进口来源单一的风险，波兰一直在寻求摆脱能源供给严重依赖污染严重的煤炭以及进口天然气的现状，寻求能够保证本国能源安全的方法。大力发展能源多元化战略成为波兰政府重点考虑的问题之一。目前核电和页岩气资源开发成为波兰政府的重点考虑方向。早在 2005 年，波兰就明确提出要发展核电，建设自己的核电站，波兰议会又通过相关法案，为建设核电站扫清道路。波兰拥有非常丰富的页岩气资源。数据显示，波兰页岩气储量达 5.3 万亿米³，居欧洲各国之首，可以满足波兰 300 年的天然气供应。

波兰是中东欧地区人口最多，经济体量最大的国家，其本身电力需求旺盛。且波兰电力生产除满足自身需求外，还出口至周边国家，如德国、捷克、斯洛伐克、乌克兰、白俄罗斯等。波兰加入欧盟后，经济迅猛增长，对电力的需求也增长达到了前所未有的程度。截至 2015 年底，波兰建成电站总装机容量 4034 万千瓦，水电 68.6 万千瓦，火电 3513.6 万千瓦。2014 年波兰全国发电量为 1500 亿千瓦时。波兰电网线路总长约 75 万千米，其中 1.3 万千米为输电网，70.5 万千米为中低压配电网。波兰位于西欧供电系统（UCTE）、东欧供电系统（独联体 / 波罗的海国家）和北欧供电系统（Nordel）三大电力系统的交汇处。波兰供电系统与欧盟国家（德国、捷克、斯洛伐克和瑞典）的最大连接能力是 2000~3000 兆瓦。目前，计划扩建和改造与德国、捷克、斯洛伐克和乌克兰的互联能力，提高波兰能源安全，扩大电力出口。正在酝酿中的项目还包括利用欧盟资金建设连接波兰和立陶宛的供电系统，以及波兰与加里宁格勒的供电线路。

2. 克罗地亚

克罗地亚的能源资源较为丰富，石油已探明储量为 973 万吨，天然气已探明储量为 249 亿米³，可采煤炭探明储量为 363 万吨，由于克罗地亚的煤炭资源多为品位较低的褐煤，开发条件不好，现已停止开采，煤炭需求通过进口满足。克罗地亚自产原油占总需求的 40%，自产天然气占总需求的 60%。理论可开发水能资源 200 亿千瓦时 / 年，技术可开发水能资源 120 亿千瓦时 / 年，可装机容量 300 万千瓦。风能资源丰富，陆地可开发风能资源 1200 亿千瓦时 / 年，技术可开发风能资源 100 亿千瓦时 / 年；海上理论可开发风能资源 1500 亿千瓦时 / 年，技术可开发风能资源 120 亿千瓦时 / 年，可装机容量 1000 万千瓦；太阳能储量为 1182 亿千瓦时 / 年。

2014 年，克罗地亚总装机容量 431 万千瓦，其中水电 219 万千瓦，火电 185 万千瓦，风电 25 万千瓦。2014 年，克罗地亚电力消费 16.9 亿千瓦时，与 2013 年相比下降 2.6%，已经连续 5 年下降。克罗地亚境内电力生产 12.2 亿千瓦时，仅能满足 72% 的电力需求。其中，水电生产 8.4 亿千瓦时，占电力生产总量的 69%，达到近 10 年来的最高水平。克罗地亚电力消费和生产缺口依靠进口解决，主要的进口来源是斯洛文尼亚克尔什科核电站，每年进口电力 3.0 亿千瓦时，占电力总需求的15%。

3. 保加利亚

保加利亚的自然资源较为匮乏，截至 2014 年底保加利亚石油已探明储量 0.15 亿桶，约合 205 万吨，天然气已探明储量57 亿米^3，可采煤炭探明储量约为 24 亿吨，以次烟煤和褐煤为主。理论可开发水电 198 亿千瓦时/年，技术可开发水能资源148 亿千瓦时/年。风能资源相对较少，主要表现在可利用小时数偏低，且以陆地风电为主，据保加利亚相关部门能源规划估计，经济可开发风能资源约 350 千吨油当量/年，技术可装机约 275万千瓦。保加利亚的太阳能资源储量为 2466 亿千瓦时/年。

保加利亚能源原材料约 70% 靠进口，是能源原料的净进口国，也是能源加工产品对邻国的主要出口国，进口能源结构如图 2-6 所示。进口能源原材料的 35% 用于电力生产和供热。保加利亚拥有巴尔干地区最大的炼油厂，多年来一直从俄罗斯获得稳定的石油供应。保加利亚还是俄罗斯向土耳其、希腊和巴尔干其他国家输送天然气的重要中转站，是重要的"气桥"，每年过境天然气 180 亿米^3，供应土耳其需求的60%、希腊需求的 90%、马其顿需求的 100%。多年来保加利亚一直从俄罗斯进口原油、天然气、高质量煤和核燃料，为彻底摆脱对俄罗斯的能源依赖，保加利亚正在实施能源多元化战略，在巴尔干地区推进天然气管道联网项目，取得了积极进展。

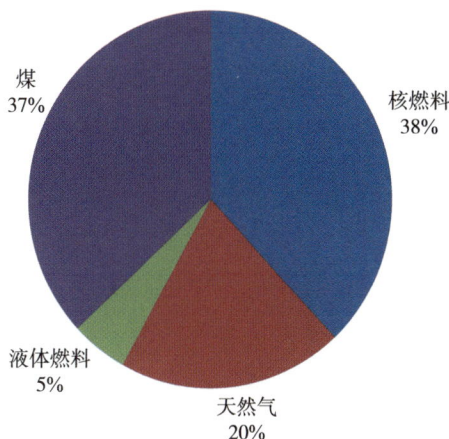

图 2-6　保加利亚进口能源结构

　　2016 年，保加利亚总装机容量 1213 万千瓦，水电 364 万千瓦，火电 440 万千瓦，核电 210 万千瓦，风电 35 万千瓦。2016 年全国发电量 443.5 亿千瓦时。保加利亚经济能源部专家起草的《2014—2030 年能源战略（草案）》提议：应增加水电等可再生能源发电，但光伏电站数量要适当压缩。目前保加利亚光伏电站装机容量超过 110 万千瓦，到 2030 年要降至不超过 60 万千瓦。2030 年风力发电不超过 180 万千瓦，目前已建成 60 万千瓦，因此风力发电仍有发展空间。战略提倡大力发展水电站，因为水能比太阳能和风能造价低。据测算保加利亚水力发电潜力 148 亿千瓦，目前水利发电量 54 亿千瓦时，因此可再生能源发电增加量将主要来源于水电发电。

二、沿线国家电网互联状况

（一）中国与周边国家电网互联情况

1. 与俄罗斯联网

中国和俄罗斯之间的输电通道有三个，分别为 500 千伏阿黑线、220 千伏布爱线、110 千伏布黑线。中俄输电断面的输电容量为 150 万千瓦，其中直流部分最大送出电力为 75 万千瓦，交流部分最大送出电力为 75 万千瓦，如表 2-4 所示。

1992 年 7 月，110 千伏布黑线正式合闸送电，开辟了中俄两国历史上电力合作的先河，这是中国第一条从境外购电的国际线路。220 千伏布爱线（俄罗斯布拉戈维申斯克—中国黑龙江省黑河市爱辉区）双回线路跨越中俄界江黑龙江，承担着对俄购电任务。500 千伏阿黑线（俄罗斯阿穆尔州—中国黑龙江省黑河市）于 2012 年 4 月投入商业运行，成为中国从境外购电电压等级最高的跨国输电线路。这也是中俄国际能源合作重点工程——中俄 500 千伏直流背靠背联网工程的重要组成部分，跨越中俄边境界江黑龙江，跨江段线路全长 2345 米。

表 2-4　中俄输电断面联络线输电能力

输电通道	传输容量（万千瓦）
直流系统	**75**
500 千伏阿黑线	75
交流系统	**75**
220 千伏布爱甲乙线	60
110 千伏布黑线	15
断面合计	150

2. 与蒙古国联网

目前，中国与蒙古国间的电力交易规模较小，共有 5 条输电线路。

新疆阿勒泰—蒙古口岸 35 千伏小型边贸输电线路：新疆阿勒泰青河县到蒙古国科布多省的 35 千伏输电线路于 2009 年 12 月建成投产，输送能力为 0.5 万千瓦。

内蒙古—蒙古国金矿 220 千伏线路：内蒙古乌拉特中旗巴音杭盖到蒙古国南戈壁省奥尤陶勒盖铜金矿 220 千伏输电线路，2012 年 11 月建成。

内蒙古 — 蒙古国口岸三条小型边贸输电线路：内蒙古自治区二连浩特口岸通向蒙古国扎门乌德市的 10 千伏输电线路于 1994 年 8 月建成；内蒙古自治区锡盟东乌旗珠恩嘎达布口岸至蒙古国东方省毕其格图口岸的 10 千伏输电线路于 2004 年 4 月建成；内蒙古阿拉善盟额济纳旗策克口岸到蒙古国南戈壁省那林苏海图的 35 千伏输电线路于 2005 年 12 月建成。

3. 与中亚五国联网

目前，中国与吉尔吉斯斯坦电网存在两条互联线路。其中一条建在新疆乌恰县吐尔尕特边防口岸，从 1997 年开始由邻国吉尔吉斯斯坦 12 千伏线路供电，电力频率为 60 赫兹，最大供电负荷 100 千瓦；另外一条建在新疆乌恰县伊尔克斯坦口岸，1997 年开始依靠邻国吉尔吉斯斯坦 12 千伏线路供电，电力频率为 60 赫兹，最大供电负荷 220 千瓦。

4. 与东南亚国家联网

目前中国通过 3 回 220 千伏和 3 回 110 千伏送电通道向越南北部 8 省送电，通过 1 回 115 千伏线路向老挝北部四省供电，同时从缅甸瑞丽江一级水电站和太平江水电站进口电力。截至 2016 年底，中国南方电网有限责任公司累计向越南送电 330 亿千瓦时，向老挝送电 11 亿千瓦时，从缅甸进口电量 139 亿千瓦时。

中国—缅甸—孟加拉、中国—缅甸—泰国电网互联工程也在深入研究过程中。目前，全球能源互联网合作组织、中国南方电网有限责任公司等积极利用联合国亚太经社会、大湄公河次区域等合作平台，大力推动相关工作，研究规划了中国云南—缅甸曼德勒—孟加拉国吉大港 ±500 千伏直流联网工程和中国云南—缅甸勃固—泰国曼谷 ±800 千伏特高压直流联网工程。东南亚地区人均用电量仅为世界人均用电量的一半，缅甸、柬埔寨等国无电人口比例高达 68%、66%。缺少电力和能源保障是东南亚地区经济贫困的重要因素。推进中国与东南亚国家的电网互联互通，可以帮助有关国家有效消除无电人口，提升民生保障和发展质量。上述联网工程都是以中国云南水电为电源，对于缓解中国西南部地区的弃水问题将发挥重要作用。而且远期，通过中国南方电网有限责任公司与东盟各国持续加强互联，还将进一步增进区域能源和经济一体化发展。

（二）中亚国家电网互联情况

中亚电网从北到南沿负荷中心呈长链式结构，在中部形成覆盖哈萨克斯坦、乌兹别克斯坦、吉尔吉斯斯坦和塔吉克斯坦的 500 千伏单回大环网。该中部环网向东北以一回 500 千伏线路与哈萨克斯坦南部负荷中心阿拉木图电网相联，向西南以两回 500 千伏线路与乌兹别克斯坦中西部电网以及塔吉克斯坦南部电网相联，中亚地区各国边境 220 千伏电网联系密切。苏联解体后，中亚地区电网互联被削弱。2003 年 5 月，土库曼斯坦因政治原因断开了与乌兹别克斯坦连接的 500 千伏和 220 千伏线路。其他四国电网保持互联，但电力交换水平已经大为下降。

（三）中亚与南亚国家电网互联情况

近年来，吉尔吉斯斯坦加强与周边国家的能源合作，大力推进电力外送，中亚—南亚联网项目（CASA-1000）即为主要项目之一。该项目将吉尔吉斯斯坦和塔吉克斯坦两国富余电力输送到缺电的巴基斯坦、阿富汗等南亚地区，填补当地的电力缺口，通过 500 千伏交直流输电线路实现吉尔吉斯斯坦、塔吉克斯坦、阿富汗和巴基斯坦等国家电网互联。

据初步计算，该项目将向巴基斯坦和阿富汗输送 130 万千瓦电力。项目总投资预计 9.53 亿美元，主要建设内容包括吉尔吉斯斯坦境内 477 千米的 500 千伏交流输电线路（输送容量 1000 兆瓦）、塔吉克斯坦境内现有线路强化改造并在桑格图达新建一座 1300 兆瓦的换流站、从桑格图达—喀布尔—白沙瓦总长 750 千米的 500 千伏直流输电线路、在喀布尔新建一座 300 兆瓦的换流站、在白沙瓦新建一座 1300 兆瓦的换流站。

CASA-1000 项目的融资方为国际开发协会、欧洲投资银行等，世界银行和伊斯兰开发银行分别为其提供 40% 和 20% 的融资支持。吉尔吉斯斯坦、塔吉克斯坦、巴基斯坦和阿富汗四国已就 CASA-1000 项目成立了专门的政府间委员会（Inter-Governmental Council）。该委员会主要负责讨论和决定与 CASA-1000 项目相关的重要问题。

2013 年底，该项目已完成技术经济评价、环境与社会评价，法律和商业顾问已就职，已推动交易文件和财务体系建设。CASA-1000 项目为国际竞争性投标，2014 年 12 月在阿联酋迪拜举行标前会，第一阶段投标人提交技术标书至评标委员会，技术标书符合业主要求的投标人被邀请参加第二阶段投标。2016 年 5 月在塔吉克斯坦举行了项目启动仪式，2017 年 4 月塔吉克斯坦、吉尔吉斯斯坦、阿富汗和巴基斯坦四国能源部长签署了该项目总协议。

（四）东盟国家电网互联情况

从 20 世纪 90 年代起东盟各国就开始酝酿电力、天然气及水资源的跨区域连接，关于电力的设计于 2003 年获得东盟各成员国认可之后逐步发展成"东盟电网"计划。2007 年，各成员国签署"东盟电网互联计划"谅解备忘录，即构建一个覆盖了泰国、越南、老挝、缅甸、新加坡、印度尼西亚等十多个国家的次区域跨国电网——东盟电网。

东盟电网互联计划旨在加强东南亚区域能源安全，推进电力的高效利用和能源共享。该计划包含了 16 个已建、在建和未来规划的电网项目的发展战略，计划首先发展跨国双边项目，逐步扩展到局部区域电网互联，最后达到整个东南亚电网一体化的目的。东盟电网互联计划的投资规模预计在 59 亿美元，目标是到 2020 年之前，通过建设输电线路连通东盟十国，实现东盟国家间能源长期安全稳定输送，加强电力区域合作，优化能源结构，实现统一技术标准和运行规程。

目前东盟国家互联电网发展还处在基于邻近国家互联的双边合作的第一阶段，现已建成 9 条跨国输电线路，总容量达 520 万千瓦，正在推进建设的有 6 条跨国输电线路，总容量 330 万千瓦。分区的互联电网已经初具雏形，泰国与老挝、泰国与柬埔寨、越南与老挝、越南与柬埔寨等大湄公河次区域国家形成局部互联电网。东盟电网互联计划 16 个主要项目如表 2-5 所示。

表 2-5　东盟电网互联计划 16 个主要项目

项目名称	项目状态
避兰东（马来西亚）—兀兰（新加坡）	共 2 条线路，1 条已建，另 1 条 2020 年建成
泰国—西马来西亚	共 4 条线路，已建成
砂拉越州（马来西亚）—西马来西亚	拟定 2025 年建成
西马来西亚—苏门答腊（印度尼西亚）	拟定 2020 年建成
巴淡岛（印度尼西亚）—新加坡	拟定 2020 年建成
砂拉越州（马来西亚）—西加里曼丹（印度尼西亚）	已建成

续表

项目名称	项目状态
菲律宾—沙巴（马来西亚）	拟定 2020 年建成
砂拉越州（马来西亚）—沙巴（马来西亚）—文莱	拟定 2020 年建成
泰国—老挝	共 7 条线路，3 条已建，其余 4 条分别在 2018 年、2019 年、2023 年建成
老挝—越南	拟定 2020 年建成
泰国—缅甸	拟定 2026 年建成
越南—柬埔寨（新）	拟定 2020 年建成
老挝—柬埔寨	已建成
泰国—柬埔寨	拟定 2020 年建成
东沙巴（马来西亚）—东加里曼丹（印度尼西亚）	拟定 2020 年建成
新加坡—苏门答腊（印度尼西亚）	拟定 2020 年建成

（五）俄罗斯与周边国家电网互联情况

1. 与蒙古国互联情况

目前，俄罗斯电网通过 220 千伏谢联渡马—达尔汗跨国输电线路与蒙古国电力系统实现同步并列运行，并向蒙古国进行供电。2014 年俄罗斯向蒙古国供电 3.594 亿千瓦时。

2. 与欧洲电网互联

俄罗斯/独联体国家电网(IPS/UPS)是欧洲电网的一部分，由一些独联体国家的电网组成，采用相同的运行模式及统一的集中调度。IPS/UPS 同步互联电网覆盖独联体、波罗的海的 14 个国家（见图 2-7），包括俄罗斯、乌克兰、白俄罗斯、摩尔多瓦、格鲁吉亚、阿塞拜疆、哈萨克斯坦、乌兹别克斯坦、塔吉克斯坦、吉尔吉斯斯坦、立陶宛、拉脱维亚、爱沙尼亚和蒙古国，横跨 8 个时区，是世界上覆盖面积最大的同步电网。互联电网采用 750、330、110 千伏和 1150、500、220、110 千伏两种电压等级序列（其中 1150 千伏线路按 500 千伏降压运行）。

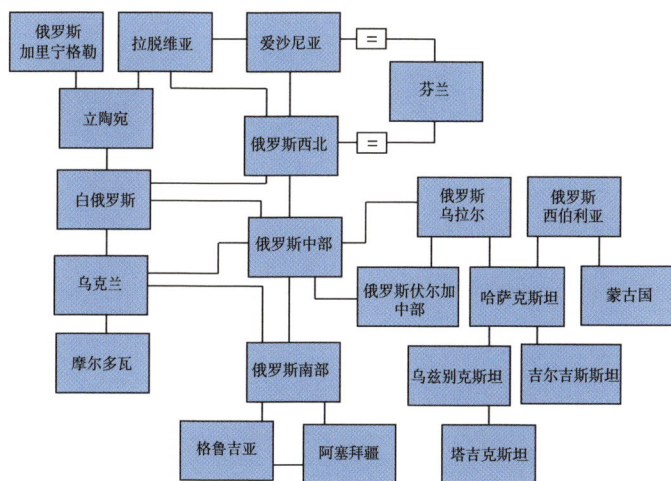

图 2-7　IPS/UPS 电网结构

　　统一电力系统的俄罗斯部分称为俄罗斯统一电力系统 UPS，包括 6 家地区电网运行机构：中部、南部、西北、伏尔加中部、乌拉尔中部、西伯利亚。IPS 包括乌克兰、哈萨克斯坦、吉尔吉斯斯坦、白俄罗斯、阿塞拜疆、塔吉克斯坦、乌兹别克斯坦、格鲁吉亚、摩尔多瓦、蒙古国电网和波罗的海电网。IPS/UPS 的形成始于 1956 年，到 1978

年该系统覆盖了除中亚国家之外的所有苏联国家。1979—
1993 年，属于欧洲大陆电网的波兰、民主德国、捷克斯洛
伐克、匈牙利、罗马尼亚、保加利亚等国的电网，与俄罗
斯电网保持了同步。除土库曼斯坦之外的中亚国家于 2001
年加入了 IPS/UPS 同步电网，2009 年乌兹别克斯坦、塔吉
克斯坦退出同步电网。2002 年初，独联体电力委员会表示
希望 IPS/UPS 电网与欧洲大陆电网同步互联，从而形成单
一的横跨 13 个时区的超级同步电网，并于 2003 年完成了
稳态潮流分析，且组成专业工作小组研究了同步互联的可
行性。2008 年 11 月公布了 IPS/UPS 电网与欧洲大陆电网
同步互联的可行性研究结果，认为双方同步互联是可行的，
可以通过采取一系列的技术、运行和组织措施，并建立相
关的立法框架来实现。但是研究也同样认为执行研究阶段
所确定的措施和条件是一个长期过程，同步互联需要更长
的时间，还需要进一步协调相关利益方的实际情况，因此
至今尚未实现互联。

俄罗斯与北欧电网之间的电气联系，主要通过与芬兰、
挪威的电网互联实现。俄罗斯与芬兰通过在圣彼得堡市维堡
地区建设的直流背靠背换流站实现电网互联。该换流站共安
装 4 台 355 兆瓦换流变压器，变压器采用 330/400 千伏的规格，
总容量 1420 兆瓦，全部 4 台换流变压器分别于 1981、1982、
1984 年和 2001 年建成投运。另外，俄罗斯与芬兰之间还建有
两条 110 千伏线路，实现从俄罗斯向芬兰供电。2014 年，俄

罗斯向芬兰供电 29.95 亿千瓦时。俄罗斯与挪威通过 2014 年建成投运的一条 132 千伏架空线路实现向挪威供电，该线路起点为摩尔曼斯克州的尼克利变电站，终点为挪威基尔克聂斯变电站，在尼克利变电站安装了直流背靠背换流变压器。2014 年，从俄罗斯向挪威供电量为 1.07 亿千瓦时。

除此之外，俄罗斯还与波罗的海电网（由立陶宛、爱沙尼亚、拉脱维亚三国电网组成）实现了同步互联，联络线均为苏联时期保留下来的。包括与爱沙尼亚之间有 2 条 330 千伏联络线和 2 条 110 千伏联络线；与拉脱维亚之间有 1 条 330 千伏联络线；与立陶宛之间有 1 条双回 330 千伏线路、1 条单回 330 千伏线路、1 条双回 110 千伏线路和 1 条单回 110 千伏线路。

根据俄统国际公司 2013 年年报数据，俄罗斯 2013 年向周边国家出口电能 175.39 亿千瓦时，较 2012 年的 183.64 亿千瓦时减少 4%；2013 年俄罗斯从周边国家进口电能 45.64 亿千瓦时，较 2012 年的 26.08 亿千瓦时增加 75%。俄罗斯 2013 年净出口电量为 129.75 亿千瓦时。俄罗斯进出口电能数据如表 2-6 所示。

表 2-6　俄罗斯进出口电能数据

国家	2013 年进口电量（百万千瓦时）	2012 年进口电量（百万千瓦时）	增加值（%）
阿塞拜疆	129	241	−47
白俄罗斯	2	4	−48
格鲁吉亚	371	369	+0，5
哈萨克斯坦	3931	1973	+99

国家	2013 年进口电量（百万千瓦时）	2012 年进口电量（百万千瓦时）	增加值（%）
立陶宛	99	0	—
蒙古国	23	21	+11
乌克兰	6	0	—
芬兰	3	0	—
合计	4564	2608	+75

国家	2013 年出口电量（百万千瓦时）	2012 年出口电量（百万千瓦时）	增加值（%）
阿塞拜疆	57	56	+3
白俄罗斯	3597	3698	−3
格鲁吉亚	461	517	−11
哈萨克斯坦	1668	2284	−27
中国	3495	2630	+33
立陶宛	3568	4780	−25
蒙古国	414	393	+5
乌克兰	39	82	−53
芬兰	4107	3794	+8
南奥塞梯	134	130	+3
合计	17539	18364	−4

（六）西亚非洲国家电网互联情况

北非地区电网也称地中海地区电网，由地中海东南电网（LEJSU）和地中海西南电网（TAM）构成，成员国之间有一定的联络和电量交换。各国之间主要跨国联网工程如表2–7所示。埃及和约旦之间已经建立了电气线路连接，实现了西亚和北非国家间的互联，同时西亚和北非国家之间还规划有不同电压等级的输电线路，实现了西亚、北非和欧洲电网更为紧密的电气联系和电量交换。目前在西亚北非地区在运、在建及规划跨国联网示意如图 2-8 所示。

表 2-7　地中海东南电网和西南电网介绍

跨国联网地区	包括国家	电压等级（千伏）
地中海东南电网（LEJSU）	利比亚、埃及、约旦、叙利亚和黎巴嫩	黎巴嫩和叙利亚，叙利亚和约旦之间存在 400 千伏和 220 千伏线路
地中海西南电网（TAM）	摩洛哥、阿尔及利亚和突尼斯	摩洛哥和阿尔及利亚之间有 2 条 225 千伏线路，阿尔及利亚和突尼斯之间有 2 条 90 千伏、1 条 150 千伏和 1 条 225 千伏线路

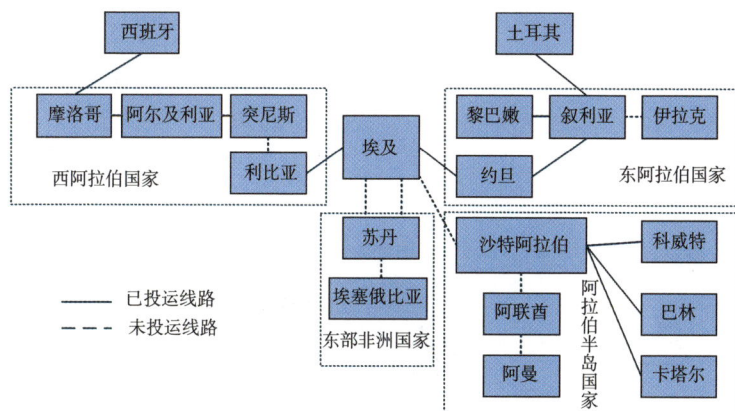

图 2-8　西亚北非地区电网互联现状及规划

三、电网互联互通战略构想

"一带一路"倡议是我国高举和平发展旗帜，积极发展与沿线国家经济合作伙伴关系，共同打造政治互信、经济融合、文化包容的利益共同体、命运共同体和责任共同体的重要倡议。

"一带一路"沿线国家的发展离不开能源电力产业的互联互通。根据"一带一路"沿线国家的能源资源分布及各国用电量规模及负荷增长预测，提出"一带一路"沿线国家电网互联互通战略构想——建设电力丝绸之路。以俄罗斯远东煤电、蒙古国煤电及可再生能源发电、哈萨克斯坦煤电、中亚水电、中国西北风电、北非太阳能发电为六大能源发电基地，中国"三华"（华北、华中、华东）地区、南亚印度、东南亚地区、中东和中东欧地区为五大负荷中心，构建跨越欧亚大陆和印度洋沿海的互联电网，用超高压或特高压输电线路联通"一带一路"各个国家和区域，最终形成实现能源资源共享、各类能源互济的电力丝绸之路。电力丝绸之路骨干网架及主要电力流构想，如图2-9所示。

图2-9　电力丝绸之路骨干网架和主要电力流构想

东亚地区：发挥中国特高压骨干电网对大容量电力接入的支撑作用，开发俄罗斯远东地区煤电，如叶尔科夫齐、伊尔库茨克煤电基地等，开发蒙古国煤电、风电和太阳能发电，通过特高压直流线路远距离输送至中国"三华"负荷中心。这样既可以解决中国"三华"地区煤电发展空间受限、环境保护压力增大的难题，又可以利用俄罗斯及蒙古国地区丰富而廉价的电力资源，有助于中国形成经济高效的水火互济、风光互补、多能协同的交直流协同电源格局。

中亚地区：以哈萨克斯坦丰富的煤炭资源为基础，开发北部丰富的煤电基地，如斯坦埃基巴斯图兹、埃基巴斯图兹煤矿等，通过远距离直流输电系统输送至中国"三华"地区，在解决该地区日益增长的负荷需求的同时，还可将哈萨克斯坦煤炭资源转换成廉价的电力资源，缓解中国煤电增长过快带来的电力供给侧结构性过剩局面。同时，吉尔吉斯斯坦和塔吉克斯坦与中国新疆之间还可通过超高压交流输电线路连接，借助中亚地区丰富的水电资源，实现与中国新疆、河西地区风电的风水互济。中亚南部和西部通过 500 千伏交流线路连接中亚五国，并将富余电力送至南亚地区，满足乌兹别克斯坦和南亚各国的负荷需求。

南亚地区：印度经济发展速度稳定，负荷体量巨大且增长稳定；巴基斯坦、孟加拉国的负荷增长近年来也呈现快速增长态势。该地区能源资源已不足以满足日益增长的负荷需求，需要通过周边电网的互联实现电力供给。北部通过超高压输电通道将与塔吉克斯坦丰富的水电资源和哈萨克斯坦火电资源连接，实现经由巴基斯坦向印度供电的输电走廊；南部的孟加拉国等地区也可接受来自东南亚国家的富余电力；东北部地区则通过尼泊尔与中国西藏地区相联，西藏清洁能源除了本地消纳和外送电力外，还可凭借区位优势输送到尼泊尔、印度地区。

东南亚地区：以大湄公河次区域（The Greater Mekong Sub-region，简称 GMS）互联电网为核心，以东盟东部分区和西部分区为主体，构建东南亚三个大区之间的互联互通电网。在三个分区中，GMS 国家间相对紧凑，资源经济互补度较高，具备大规模能源和电力交换的基础，且与中国南方电网之间可以实现能源互济，具有良好的合作基础。其中，缅甸、老挝、柬埔寨、印尼、马来西亚等国的资源丰富，而泰国、新加坡、越南、菲律宾等国家电力需求旺盛，但各种能源资源相对匮乏。马来西亚、印尼、菲律宾等均为岛国，各海岛的经济发展、负荷需求和能源资源存在逆向分布特点，能源资源和电力需求匹配度比较差。各海岛电力供需逆向分布的特点决定了东南亚各国通过电网互联优化配置资源，电网互联前景非常广阔。

中东欧地区：以波兰、捷克、罗马尼亚等负荷中心为基础，主要从俄罗斯南部地区接受电力，同时中东欧内部各个国家之间通过 500 千伏线路进行互联，以增强各国之间电网稳定性和电力能源供应安全性。中东欧近年来经济发展良好，波兰、斯洛伐克、罗马尼亚 2015 年 GDP 增长 3.5%，捷克增长率达 4.5%，匈牙利、保加利亚等国经济也在强势复苏。俄罗斯和哈萨克斯坦的外部电力注入，为中东欧经济发展提供了保障。

西亚北非地区：随着经济的增长，阿拉伯国家特别是中东海湾经济发达地区几乎所有国家的用电量及发电量都将保持快速持续增长，从而带来对电力工业投资的长期需求。海湾国家的发电主要依赖天然气和石油，但是，海湾国家普遍面临化石原料储量下降而水资源又高度匮乏的挑战，该地区对清洁能源的需求紧迫。因此通过特高压线路，将非洲北部丰富的太阳能发电资源，埃及、埃塞俄比亚丰富的水电资源，送至海湾国家等负荷中心。

四、电网互联互通路线图

2025 年，在俄罗斯远东地区、蒙古国中东部地区等能源资源富集地区将建设大型电源基地，并通过 ±800 千伏特高压直流输电线路向中国东中部负荷中心、华北地区送电。东南亚地区，推进大湄公河次区域（GMS）电网互联及 GMS 地区与中国南方电网互联，加快印度尼西亚国家骨干电网建设。中亚地区，开发中国新疆伊犁煤电基地，向巴基斯坦伊斯兰堡负荷中心送电，目前该工程中国部分已经开始进行可行性研究。西亚北非地区，推进尼罗河流域重大水电送出项目开发，向沙特等负荷中心供电。中东欧地区，建设大容量输电通道将俄罗斯富余煤电、水电输送至中东欧国家。

2035 年，东亚地区，开发俄罗斯西西伯利亚库兹巴斯煤田和东西伯利亚的伊尔库茨克煤田，蒙古国中东部地区布斯敖包煤炭基地，汇集蒙古国柴达木淖尔煤电基地和南部戈壁地区风电和太阳能发电电力，借助直流输电工程扩大可再生能源消纳范围。中亚地区，开发哈萨克斯坦埃基巴斯图兹煤电基地，通过 ±800 千伏直流输送至华中负荷中心，促进哈萨克斯坦煤电资源、吉尔吉斯斯坦和塔吉克斯坦的水电资源在更大范围内消纳。南亚地区，促进印度和孟加拉国输电通道加快建设，促进孟加拉国与东南亚国家的电网互联。北部促进印度与中亚水电通道的联网，形成贯穿中亚南亚的输电通道。东南亚地区，加快 GMS 区域国家内部电网互联，推动南亚和东南亚国家电网互联互通；东部地区促进菲律宾和印度尼西亚的联网。西亚北非地区，力争建成两条贯穿西亚北非的输电通道。中东欧地区，促进俄罗斯和哈萨克斯坦富余电力在中东欧负荷中心的消纳。

2050 年，建成东亚互联电网，俄罗斯、蒙古国的煤炭、风能、太阳能资源在中国、韩国、日本等国得到充分消纳。中亚地区，建成中亚电力输送枢纽，中亚丰富的煤炭、风力、水力资源在中亚地区得到充分利用，其富余电力西送东欧，东送中国和东亚地区，北送俄罗斯。东南亚地区，巩固和扩大东南亚与中国的电力互联互通，东南亚地区 GMS、西部电网和南部电网实现互联，成为中国及南亚连接赤道的重要电力枢纽。南亚地区，以印度、孟加拉国、巴基斯坦为中心实现与中亚及东南亚地区的电网互联互通，该地区日益增长的电力需求得到充分供应，成为连接中国与阿拉伯国家的重要枢纽电网。西亚北非地区，实现北非太阳能基地、埃及水电基地与中东、波斯湾国家电网的互联互通。中东欧日益增长的负荷需求得到充分供应，独联体国家得到多种能源互济。

第三章 / 电力经贸畅通

　　"一带一路"倡议旨在通过开展沿线地区国家和地区间交通、电力、通信等基础设施的规划建设，发展当地经济、改善民生，从而促进区域经济合作和繁荣。电力作为各国满足工业建设和人民生活所需的重要能源形式，也是增长最快的能源类别，电力经贸领域是沿线各国亟须深入推进合作的领域。根据中国机电产品进出口商会统计，2006—2016年间中国企业在"一带一路"沿线国家累计签署电力项目合同额约1825亿美元，占全部海外电力项目签约额的65%。国际产能合作、全球能源互联网等国际新型合作关系的提出，为中国加快与"一带一路"沿线国家电网互联互通、推动沿线各国电力经贸通畅、满足不断增长的电力需求带来了良好的机遇，同时也为中国电力装备制造业和电力工程承包"走出去"提供了有利条件。

一、沿线国家电力经贸现状

（一）电网建设及电力设施发展现状

　　"一带一路"沿线国家大多属于发展中国家，电力工业基础较差，呈现电力供应相对紧缺、电力基础设施较为落后、电力工程管理和设计能力较弱等特点。

1. 对电网基础设施建设需求迫切

　　从国际能源署（International Energy Agency，简称 IEA）发布的世界电力消费统计数据来看，目前"一带一路"沿线人均用电量整体远低于世界平均水平，"一带一路"沿线非经济合作与发展组织（Organization of Economic Co-operation and Development，简称 OECD）国家的人均年电力消费量同期仅为 OECD 国家的 21.84% 左右。其中，中东欧及中亚、中东人均用电量相对较高，南亚最低。2015 年"一带一路"沿线国家人均用电量为 1453 千瓦时 / 年，仅相当于世界平均水平（2828 千瓦时 / 年）的一半左右。其中，中东欧及中亚、中东人均用电量超过世界平均水平；南亚人均用电量仅为 752 千瓦时 / 年。2015 年，"一带一路"沿线国家及世界人均用电量如图 3-1 所示。

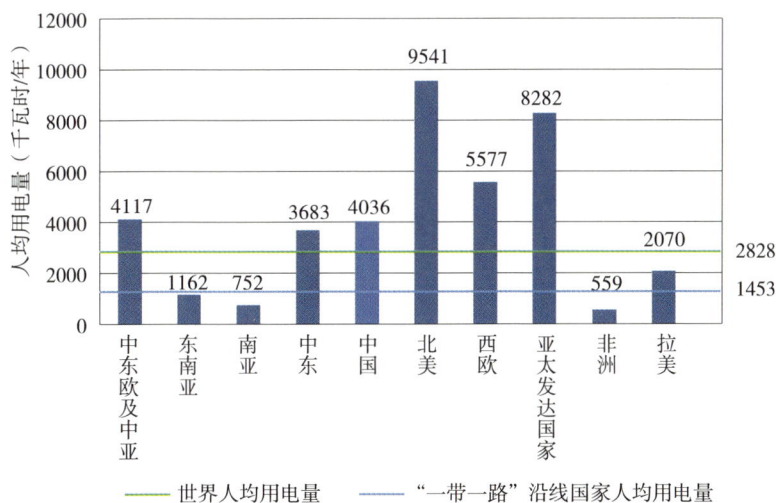

图 3-1 2015 年"一带一路"沿线国家及世界人均用电量

哈萨克斯坦西部和南部是典型的电力短缺地区，西部地区能源矿产资源丰富，电力需求旺盛，电力缺口较大，可从俄罗斯进口电力弥补部分电力需要；南部地区用电也要通过吉尔吉斯斯坦和乌兹别克斯坦进口来满足。由于哈萨克斯坦电网分布不均，电力短缺严重，因此改善电网结构、改造现有发电和配电基础设施设备成为哈萨克斯坦的发展目标。

巴基斯坦电力市场以火电为主，其发电量高于用电量，但供电能力十分不足。近些年，巴基斯坦发电量增速缓慢，甚至回落，是近年南亚地区唯一一个发电量下降的国家。一般情况下巴基斯坦电力缺口在 150 万千瓦左右，用电高峰时可达 400 万~500 万千瓦，目前巴基斯坦经常会发生大面积停电和限电的现象。

印度尼西亚全国大部分地区存在电力供不应求的情况。截至 2015 年底，印度尼西亚各岛中除中部的苏拉威西岛的装机容量尚可满足当地负荷需求外，其他各岛均处于电力紧缺状态。即便是首都雅加达以及经济相对发达的巴厘岛，亦经常出现断电情况。

印度发电装机容量长期不足，过去 10 年平均装机缺口 10% 以上，电量缺口达 9% 左右，电力短缺已成为阻碍印度经济发展的最大障碍之一。

尼泊尔水力资源丰富，主要依靠水电，水电蕴藏量为 8300 万千瓦，约占世界水电蕴藏量的 2.3%，但目前已开发比例不足 2%。由于水电站建设不足，尼泊尔的电力供应仍十分紧张，全国仅 40% 的人口能用上电。尤其进入冬季，缺电现象非常严重。

2. 对电力装备和工程承包提出巨大需求

俄罗斯正加快同周边国家的跨国联网。2015 年 10 月，俄罗斯远东发展部称，俄罗斯方面开始向东方能源公司建设的通往朝鲜半岛的能源桥项目实际投资；俄罗斯正加快同阿塞拜疆、白俄罗斯、格鲁吉亚、哈萨克斯坦、蒙古国、拉脱维亚、立陶宛、乌克兰和爱沙尼亚等国家的电网并联工作。

中国与蒙古国于 2014 年 8 月签署了《中蒙关于建立全面战略伙伴关系的联合宣言》，就双方在中蒙能源矿产和互联互通合作委员会以及双边其他机制框架内，全面提升中蒙务实合作的规模、质量和水平进行约定。此外，中国目前也正加快推进与俄罗斯、蒙古国、哈萨克斯坦、巴基斯坦、缅甸、老挝、尼泊尔、泰国等周边国家的电力联网工程，逐步实现与周边国家电网互联互通。

3. 迫切需要引入外资，加大电力基础设施建设和升级改造

蒙古国由于国内电力基础设施建设和配套设施较为落后，且还不具备水电站的设计和建设能力以及水电站设备的制造能力，目前还没有大型水电站，水电资源匮乏，不能满足电力自给自足。

俄罗斯政府针对电力消耗和现有机组更新需求的不断增

加，在整体上提高了对电力行业的总投资及未来装机结构规划，以保证改革的社会效益，同时以提高效率为目标，大力采用新技术，加快更新换代。尽管俄罗斯每年在电力市场上的投资不断增加，资源配置不断调整，但这些调整仍然不能满足其日益增长的电力需求。

哈萨克斯坦政府提出将大力发展电力基础设施建设，但投资仍是其发展的一大瓶颈。由于哈萨克斯坦政府在各个行业都设立了较为庞大的投资计划，但对电力项目的投资只是部分，国家财政预算拨款约占项目投资额的 25%~50%，不足以满足电力基础设施改造和增容的资金需要，电力建设仍存在较大的资金缺口。

波兰作为欧洲经济发展最快的国家之一，却有逾 40% 的人口仍居住在农村地区。波兰电网总长约 75 万千米，其中 1.3 万千米为输电网，70.5 万千米为中低压配电网。波兰政府提出将对电网，特别是农村地区电网进行必要的升级和扩建，以确保当地能源安全。

（二）中国在沿线国家的业务发展

根据中国商务部相关数据显示，2016 年中国企业对"一带一路"沿线的 53 个国家进行非金融类直接投资共计 145.3 亿美元，同比下降 2%；在"一带一路"沿线 61 个国家新签对外承包工程项目合同 8158 份，新签合同额 1260.3 亿美元，同比增长 36%；完成营业额 759.7 亿美元，同比增长 9.7%。2015 年，中国企业对"一带一路"相关国家并购项目 101 起，并购金额 92.3 亿美元，占并购总额的 17%；对相关国家的投资流量 189.3 亿美元，同比增长 38.6%，是对全球投资增幅的 2 倍，占当年流量总额的 13%；直接投资存量为 1156.8 亿美元，占中国对外直接投资存量的 10.5%。

　　"一带一路"是中国电力企业国际产能合作的主要市场，目前中国发电企业在"一带一路"沿线以绿地投资为主，五大发电集团（中国华能集团有限公司、中国大唐集团公司、中国华电集团有限公司、中国国电集团❶、国家电力投资集团有限公司）除中国国电集团公司外均在"一带一路"沿线投资建设了一批发电项目，主要包括水电站和燃煤电站。除了投资项目外，以中国能源建设股份有限公司和中国电力建设集团为代表的电力工程承包企业在"一带一路"沿线也承建了大量项目，一批有影响力的大项目提升了中国电力企业在当地的影响力，如印度规模最大的燃煤电站、巴基斯坦最大水电站、缅甸最大水电站、斯里兰卡最大的燃煤电站、伊拉克最大的燃油电站等均由中国企业承建。中国发电企业"一带一路"沿线主要项目如表 3-1 所示。

　　中国国家电网有限公司在"一带一路"沿线业务类型多、效益好、影响力大，在"一带一路"电力领域投资建设中发挥了引领作用。在电网互联互通方面，中国国家电网有限公

---

　　❶　2017 年 11 月，中国国电集团与神华集团有限责任公司重组成立国家能源集团。

司超前谋划，已经与周边国家建成 10 条互联互通输电线路。在投资方面，投资运营菲律宾国家电网资产，开展中巴经济走廊重要标志性工程——巴基斯坦 ±660 千伏直流输电绿地投资项目。在工程承包和装备出口方面，承揽了埃及、波兰、缅甸、老挝等国多项国家级重点工程项目，2016 年新签"一带一路"国家合同总额超过 23 亿美元。

中国南方电网有限责任公司也实现了与越南、缅甸、老挝等国电网的互联互通，投资建设了越南永新燃煤电站项目和老挝南塔河 1 号水电站项目。总体而言，由于"一带一路"沿线国家电网基础较弱，中国电网企业在沿线国家投资项目还不多，投资规模较小，但工程承包和装备出口等业务的经营效益良好，具有较大的社会影响力。

表 3-1　中国发电企业"一带一路"沿线主要项目

企业	已完成投资规模 （亿美元）	重点项目列表
中国华能集团公司	17	柬埔寨桑河二级水电项目，巴基斯坦萨希瓦尔煤电项目，缅甸瑞丽江一级水电项目，新加坡登布苏生物质清洁煤热电项目，新加坡大士燃气电站项目
中国国家电力投资集团公司	16	缅甸密松、其培、小其培、乌托、腊撒、广朗普、匹撒水电站，土耳其胡努特鲁燃煤电站，埃及安永穆萨燃煤电站，黑山南部风电场，越南永新燃煤电站

续表

企业	已完成投资规模（亿美元）	重点项目列表
中国华电集团公司	14	印尼巴淡燃煤电站，印尼巴厘岛燃煤电站项目，俄罗斯捷宁斯卡娅热电项目，印尼玻雅燃煤电站项目，柬埔寨额勒赛下游水电项目，印尼阿萨汉水电项目，越南沿海 II 期燃煤电站项目
中国大唐集团公司	5.6	缅甸太平江水电项目，柬埔寨斯登沃代水电项目，柬埔寨金边—菩萨—马德望输变电项目，老挝湄公河北本水电项目，老挝湄公河萨拉康水电项目

　　在业务领域方面，中国电力企业在沿线国家也已开展电网互联、电工装备出口和电力工程承包等业务。但由于沿线国家的区域环境和特点等各不相同，中国企业在业务布局上也呈现出不同的发展现状。

　　俄蒙中亚地区：中国主要开展电网互联互通业务，工程承包和电工装备出口业务目前较少。由于俄蒙中亚地区在地理位置上与中国距离较近，因此目前业务开展以电网互联互通为主。中国国家电网有限公司已参与建成中国与俄罗斯、蒙古国、吉尔吉斯斯坦之间 10 条跨国输电线路；投资运营格鲁吉亚东部电力公司，股权比例 93%。而电力工程承包和电工装备出口业务目前仍处于起步阶段，主要工程项目有俄罗斯达吉斯坦 3 座 110 千伏变电站建设、蒙古国乌兰巴托第四电厂锅炉补给水两个项目，主要的电工装备出口项目包括乌兹别克斯坦国家电网公司变压器项目等。

南亚地区：以工程承包和装备出口为主，技术服务输出取得突破。中国国家电网有限公司目前在印度开展多个装备出口项目，投资建厂计划已经进入实施阶段；巴基斯坦默蒂亚里至拉合尔 ±660 千伏直流输电工程已同巴基斯坦国家输电公司和巴基斯坦能源部签署《默蒂亚里至拉合尔 ±660 千伏直流输电工程输电服务协议》等一系列交易文件，标志着默拉直流输电工程将进入全面建设阶段，中巴跨国联网也进入了可研阶段。中国国家电网有限公司发挥了其配电行业技术和管理方面的优势，开展印度加尔各答区域配网改造咨询合作，配电设计技术正式进入印度市场；成功中标印度兰科公司 66 万千瓦机组调试项目，项目进展顺利并获得好评。

东南亚地区：中国同时开展电网投资运营、工程承包、装备出口等业务。2007 年 12 月，中国国家电网有限公司联合菲律宾蒙特罗公司和菲律宾卡拉卡高电公司组成菲律宾国家电网公司（中方拥有 40% 股权），中标菲律宾国家输电网 25 年特许经营权项目（2008—2032 年）。中国国家电网有限公司在老挝、柬埔寨、菲律宾、印度尼西亚等国开展了超过 20 项工程承包项目，在印度尼西亚、马来西亚跟踪推进电网投资项目、生物质发电项目。

西亚地区：业务开展以电力工程承包与电工装备出口为主。伊朗、也门、土耳其等国是中国企业在西亚业务的主要市场，包括伊朗燃气电站和土耳其换流站等 EPC 项目，以及伊朗和也门等电力装备出口项目。

中东欧地区：工程承包项目和电工装备出口业务主要集中在波兰。目前，中国在中东欧地区的业务主要集中在波兰，如中国国家电网有限公司有一些工程承包项目和部分电工装备出口业务。中国企业正在跟踪相关国家电网等基础设施私有化的机会，将适时进入重点国家市场。

非洲地区：业务开展以大型输变电工程建设和电力装备出口为主。中国在非洲的业务类型以大型输变电工程建设和电力装备出口为主，还有少量发电、配网改造、电量计量系统建设等业务，如中国国家电网有限公司在非业务已覆盖东部和南部非洲8个国家，且正在与14个国家积极跟踪推进一系列项目。

近年来，伴随中国电力工业的快速发展，电工装备产业成长迅速，中国部分企业"走出去"成效显著，在亚洲、非洲等发展中国家市场份额逐步提高，部分高端装备已打入发达国家市场。但同时，中国企业仍受到国际电工装备企业的多重压力，自身发展也还存在较大问题。一方面，国际电工装备市场集中度较高，给中国企业带来较大的竞争压力。西门子、ABB、阿尔斯通、施耐德等4家企业作为传统四强，代表了电力成套设备制造、装备集成和售后服务的全球最高水平，在全球市场占有率超过50%。日本企业如三菱、东芝、日立等凭借其较强的研发实力和细分市场竞争实力，在全球电工装备市场也占据一定份额。另一方面，中国电工装备缺乏"走出去"龙头和统一平台，存在无序竞争等问题。近年来，中国电工装备"走出去"已呈现设备制造厂商、经贸公司、设计院、工程建设企业、电力企业"五驾马车"驱动态势。其中，设备制造厂商主要有发电设备和输变电设备主机厂；经贸公司主要代表是中国机械工业集团有限公司；设计院主要有西南、西北、华北等电力设计院所；工程建设企业主要有中国电力建设集团、中国能源建设股份有限公司；电力企业主要有"两大电网、五大电力"。"五驾马车"齐头并进模式有效拓展了中国电工装备出口渠道，但也存在不同主体各自为战、恶性无序竞争等问题，缺乏行业领导龙头与统一组织各方资源的有效平台，难以在"走出去"中发挥中国电工装备产业整体实力。

二、沿线国家电力经贸环境及市场前景分析

（一）沿线国家经济环境分析

"一带一路"沿线国家的经济发展水平较低。截至 2015 年底，"一带一路"沿线国家人口约占全球的 63%，经济规模仅占全球的 31.7%，平均经济增长率和平均贸易增长率在 2000—2009 年和 2010—2014 年两个时期均高于世界平均水平。目前，"一带一路"沿线国家人均 GDP 约 5000 美元，不到世界平均水平的一半，但经济发展潜力巨大，各国普遍处于经济发展的上升期，电力需求和发展空间很大。

印度财政部发布《经济调查报告》显示：2016—2017 财

年印度实际 GDP 增速为 6.5%~6.75%；中期看，随着印度实施商品服务税以及加速推动其他结构性改革，印度或恢复其 8%~10% 的潜在 GDP 增速，2017—2018 财年实际 GDP 增速将为 6.75%~7.5%，成为全球经济增速最快的主要经济体。由此，随着印度经济改革的推进，经济前景将持续向好，外资进入印度有望加速。

印度尼西亚为东南亚最大经济体及二十国集团（G20）成员国。2014 年印度尼西亚的名义 GDP 达到 8885 亿美元，名列全球第 16 位。在过去十年中印度尼西亚一直保持了较快的经济增长，经济增速长期维持在 6% 上下，在 G20 国家中仅次于中国。印度尼西亚经济增长的主要动力来自私人消费和固定投资，私人消费对 GDP 增长的贡献率长期达到 55% 以上，投资则长期保持在 20%~25%。

土耳其作为西亚经济大国，自 2001 年进行深层次经济改革以来，经济实现了较快增长。2016 年，土耳其 GDP 排名世界第 18 位。根据土耳其统计局统计，2016 年土耳其国内生产总值达到 7179 亿美元。近年来，土耳其已成为经济增长较快的新兴经济体之一，联合评级评定土耳其长期外币信用等级为 BB+。

埃及经济预计在扩张性财政政策的刺激下持续向好。根据世界银行的预测，埃及 2019—2020 财年经济增长率上升至 5.4%。埃及主权信用评级也向好，2015 年惠誉、穆迪、标普三大信用评级机构对埃及主权信用评级以调升为主，这反映出评级机构对埃及未来前景保有一定信心。

波兰经济持续增长，预计 2017 年经济增长 3.5%，2016 年同比下降 3%，2015 年波兰 GDP 同比增长 3.9%，高于 2014 年的 3.3% 和 2013 年的 1.4%，三大信用评级机构对波兰主权债务评级为稳定。

（二）沿线国家规划及投资政策

1. 电力发展规划

随着"一带一路"沿线国家经济的快速发展，电力需求日益提高，各国都制定了加快电力发展的相关规划。

蒙古国将煤炭清洁发展、加快风力发电和太阳能发电发展作为未来的发展方向之一，预计 2020 年可再生能源将占全国能源总量的 20%~25%。

哈萨克斯坦政府高度重视电厂建设，表示将大力发展电力基础设施建设，计划建设约 14 个 170 兆瓦的水力发电站、4 个太阳能发电厂、13 个风力发电厂，太阳能和风力发电装机容量将达到 793 兆瓦。哈萨克斯坦电力相关规划也指出，到 2020 年哈萨克斯坦要实现 100% 自行发电满足经济发展需要，建设和运营核电站以及巴尔哈什热电厂，对现有的发电厂和电力系统进行现代化改造等。

根据经济学人智库（Economist Intelligence Unit，简称 EIU）的预测，在 2012—2018 年间印度尼西亚电力需求的负荷增长率将达到 4.3%，而发电能力的增长速度约为 3.7%，供需缺口将进一步拉大。据预测，2020 年前印尼需要在电力部门投入

6780 亿美元才可能满足不断增加的电力需求。在佐科维政府最新发布的中期发展规划中，电力基础设施投资也占据了重要部分。

巴基斯坦则提出，未来电力政策将要实现建设充足的发电设施、在全国范围内大力发展水电、在煤矿丰富的塔尔地区大力发展火电、创建有效率的输电网络等目标。

尼泊尔能源部在 2010 年发布了一份二十年水电规划，提出到 2030 年将尼泊尔的发电能力提高到 2500 万千瓦，尼泊尔水电将得到大力发展。

土耳其输电公司估计，2009—2023 年期间电力需求将以每年 6% 的速度增长。在其制定的至 2023 年的发电规划中指出，届时用电需求将达到 88 吉瓦。土耳其计划 2012—2022 年向能源领域投资 1300 亿美元，提高能源运输能力。

埃及为配合新建城市发展，将在沿地中海和红海区域新建多个电源点，计划至 2022 年新规划（新建及扩建）电源点 12 个，总装机容量 3300 万千瓦。根据《非洲能源优先发展计划（2012—2020 年）》，其开展的主要项目中与埃及相关的有两个：一是南北电力传输走廊，8000 千米传输线，以埃及为起点，途径苏丹、南苏丹、埃塞俄比亚、肯尼亚、马拉维、莫桑比克、赞比亚、津巴布韦，最终到达南非，预计投资 60 亿美元；二是北非电力传输，从摩洛哥到埃及的 2700 千米长输电线，途径阿尔及利亚、突尼斯和利比亚，预计投资 60 亿美元。

2. 投资政策

"一带一路"沿线国家大多持支持鼓励态度，简化审批手段、提供优惠政策，为中国电力装备和工程承包"走出去"营造良好的环境。

俄罗斯政府鼓励外商直接投资领域大多为传统产业。为加大远东地区开发力度，2013 年上半年，俄罗斯推出规模宏大的《远东与贝加尔地区社会经济发展国家计划》，该战略旨在迅速扩大远东基础设施建设和经济增长，对该地区实行特殊的政策措施和相应的支持手段。

蒙古国出台的《外国投资法》规定，禁止对外国投资实行国有化和非法征收，外国投资者可拥有、利用和支配其投资，享有平等或不低于蒙古国投资者的待遇。蒙古国实行有限汇兑管制，对投资汇款的汇兑实行有限的监管，对外汇转移实行高度自由的政策。

哈萨克斯坦与中国签订了重要的经贸协定，包括《双边投资保护协定》《避免双重征税协定》《经贸合作协定》。同时，为吸引外国投资，哈萨克斯坦政府也正积极考虑改善法律环境和整体面貌。

巴基斯坦《1976 年外国私人投资（促进与保护）法案》、《1992 年经济改革促进和保护法案》以及巴基斯坦投资优惠政策规定，巴基斯坦所有经济领域向外资开放，国外投资者同本国投资者享有同等待遇，允许国外投资者拥有 100% 股权。在最低投资金额方面，对制造业没有限制，但在非制造业方面，则根据行业不同有最低要求。

印度的外资政策趋向放松管制，积极采取措施促进外国投资。印度政府开放了外汇管制，经常账户下的卢比可以自由兑换。印度财政部正在制定外国投资自由化框架，地区性投资优惠措施较多。

印度尼西亚《投资法》规定，国内外投资者可自由投资任何营业部门，除非已为法令所限制与禁止。且外国直接投资可以设立独资企业，也可在规定范围内与印度尼西亚的个人或公司成立合资企业，还可通过公开市场操作，购买上市公司的股票，但受到投资法律关于对外资开放行业相关规定的限制。

尼泊尔政府颁布了《1992年外国投资和技术转让法》《1992年工业企业法》等法案，为吸引国外投资提供了依据。根据法令，尼泊尔取消了外资最低投资额度限制；允许建立外商独资企业；除个别规定区域外，允许在任何区域投资。根据《外国在尼泊尔投资程序》规定，除个别规定行业外，外国投资者可对任何行业投资进行技术转让，可在大、中、小规模企业拥有100%股份。为了配合2012年初发布的《经济繁荣发展行动计划》，尼泊尔政府计划与包括中国和卡塔尔在内的五个国家签署双边投资保护和促进协议，这是尼泊尔政府首次主动提出与其他国家签订双边投资保护和促进协议。

土耳其鼓励金融资源的自由流动，无外汇管制，外国投资企业在土耳其可以开立外汇账户，也可以从当地市场获得信贷。土耳其法律和财会体系有透明度，并且与国际标准一致。

波兰是中东欧地区吸收外国直接投资最多的国家，其中 50% 以上为其入欧盟后所吸收。根据波兰《外汇法》，在波兰注册的外国企业可以在波兰银行开设外汇账户，用于进出口和资本结算，但外汇进出波兰需要申报。另外，波兰依照《经济活动自由法》规定了投资限定和鼓励行业。

（三）中国"走出去"政策环境

中国出台了一系列国际产能合作政策，并不断简化企业境外投资审批程序，为支持企业"走出去"、参与境外基础设施建设创造了有利条件。

中国出台国际产能合作、"装备走出去"和"中国制造 2025"等新举措。国务院发布《关于推进国际产能和装备制造合作的指导意见》和《中国制造 2025》，内容包括提高企业"走出去"能力和水平、加强政府引导和推动、加大政策支持力度、强化服务保障和风险防控等，将有力推进中国装备制造企业国际产能和装备制造合作，实现中国经济提质增效升级，为中国企业参与境外基础设施建设、推进特高压等先进技术装备"走出去"创造了有利条件。

中国有关部委不断简化企业境外投资审批程序，进一步缩小需要核准项目的范围。2016 年，国家发展改革委对《境外投资项目核准和备案管理办法》进行了修订：一是进一步缩小需要核准项目的范围，修订前规定除了涉及"敏感国家和地区的境外投资项目"和涉及"敏感行业的境外投资项目"

这两类境外投资项目外，"中方投资额10亿美元及以上的境外投资项目"，也需要由国家发展改革委核准；修订后的规定明确需要国家发展改革委核准的境外投资项目仅限于涉及"敏感国家和地区的境外投资项目"和"敏感行业的境外投资项目"，不再考虑金额大小。二是取消国务院审核层级，删除了修订前规定的"涉及敏感国家和地区、敏感行业的境外投资项目，如果中方投资额在20亿美元及以上的，由国家发展改革委提出审核意见报国务院核准。"三是取消银行融资意向书，在针对核准项目需要提交的项目申请报告的附件中，不再需要提供"银行出具的融资意向书"。四是简化了核准程序，省级发展改革委不再审核境外投资项目，而直接将地方企业的项目申请报告报送给国家发展改革委。2016年7月，国家出台了《关于深化投融资体制改革的意见》，提出在宏观和微观审慎管理框架下，稳步放宽境内企业和金融机构赴境外融资，做好风险规避；完善境外发债备案制，募集低成本外汇资金，更好地支持企业对外投资项目。

（四）沿线电力市场发展前景分析

1. 沿线电力投资规模前景

"一带一路"沿线国家电力工业处于快速发展阶段，电力投资潜力巨大，电力市场空间广阔。不同研究机构和专家学者也从不同角度对沿线地区的电力投资潜力进行了预测分析，如表3-2所示。

表 3-2　"一带一路"地区电力投资潜力多方预测

从整体电力发展水平看	·**从人均用电量看：**"一带一路"覆盖国家总人口达到 46 亿，而绝大部分国家人均用电量和发达国家差距甚远，具有广阔的市场潜力。 ·**从装机容量看：**按照人均用电量可以将世界国家分为四挡：北美、北欧及澳大利亚等少数发达国家，人均用电量在 10000 千瓦时以上，处于第一挡；德国、法国等大部分发达国家人均用电量则在 5000~10000 千瓦时，处于第二挡；中国、哈萨克斯坦、东欧等新兴市场人均用电量约为 2000~5000 千瓦时，处于第三挡；人均用电量不足 2000 千瓦时的国家则主要分布在中亚、非洲，处于第四挡。绝大部分"一带一路"国家处于第三挡和第四挡，随着社会的发展当地本身具有加大电力投资的刚性需求
从地区发展看	·**亚洲：**根据亚洲开发银行发布的《亚洲基础设施互联互通 2012》报告，2010—2020 年亚洲发展中国家基础设施投资需求约达 8.22 万亿美元，平均每年约 8200 亿美元，占这些国家 GDP 总和的 6.5%。其中 68% 为新建投资需求，32% 为维护及改造投资需求。从行业分布看，电力投资需求最大，占基础设施投资总需求的 51%。东盟国家每年基础设施建设资金需求约为 600 亿美元，但由成员国为此筹集的资金不足 10 亿美元。中亚地区仅哈萨克斯坦和巴基斯坦两国所需的基础设施投资累计就达 2490 亿美元。 ·**俄罗斯：**根据俄罗斯联邦电网公司估计，2015—2025 年间，输电网改造涉及的金额将达到 1000 亿美元。基于俄罗斯的电网投资规划与建设计划，预计到 2021 年，俄罗斯的输配电设备市场规模将达到 223 亿美元。 ·**蒙古国：**电力设施建设薄弱，预计 2020 年之前将出现 1000 兆瓦的电力缺口。未来风能、太阳能市场潜力广阔，提出到 2020 年可再生能源占全国能源总量 20%~25% 的目标。 ·**中亚五国：**电力设施建设正处在扩张时期。目前的装机容量已经不能满足需求，同时能源结构明显不合理，未来调整空间很大。 ·**东南亚：**国际能源署（IEA）报告称，到 2040 年东南亚地区电力需求预计增长 80%，2016—2040 年新增电力装机容量达 4 亿千瓦，电力建设投资需求达 2.5 万亿美元；电网互联是东南亚地区未来能源体系的一个重要特点。 ·**非洲：**非洲开发银行 2015 年发布报告《2014 年能源发展有效性评估》称，未来 25 年非洲需 600 亿美元投资用于摆脱能源不足问题。 ·**欧洲：**欧洲输电运营商联盟 2012 年发布的《欧洲电网十年规划》报告指出，欧洲将投资 1040 亿欧元新建或改造 5.23 万千米超高压输电线路，促进北欧水电、北海风电、南欧光伏发电等清洁能源的高效利用和优化配置

续表

相关机构和专家的预测	·**非洲进出口银行**：非洲地区未来 10 年需要大约近万亿美元的投资。 ·**欧盟委员会（2011）预测**：2020 年欧洲将需要 1.5 万亿 ~2 万亿欧元的基础设施投资。 ·**波兰外国投资局主席 NedjoTrninic**：在未来的 7 年内，波兰将投资 320 亿欧元于基础设施，其中大部分资金来自欧盟的结构性资金。 ·**国网能源研究院**：预计 2016—2025 年"一带一路"沿线（亚欧非大陆，不包括西欧、韩日朝）电力行业投资需求共计 3.6 万亿美元，平均每年投资 3000 亿美元。 ·**中国国际经济交流中心副研究员张茉楠**：根据世界银行统计，中低收入国家资本形成率占 GDP 比重仅为 1/4 左右，其中用于基础设施投资方面的资金仅为 20% 左右，约 4000 亿美元，融资存在巨大缺口。综合考虑亚洲开发银行、世界银行集团、亚洲基础设施投资银行、金砖国家银行，以及发达国家官方开发援助，中国向南亚、上合组织、非洲提供的信贷配套支持等都考虑在内，各种融资渠道目前能向"一带一路"跨境基础设施提供的融资规模为 3500 亿美元左右，远远不能满足融资需求

　　根据国际能源署《世界能源展望 2016》数据，"一带一路"沿线是未来 25 年内全世界电力需求增速最快的地区之一。2016—2040 年，"一带一路"沿线地区电力需求年均增长率预计为 3.2%，在世界各区域中仅次于非洲（4.0%），快于世界整体增幅（2.0%），南亚、东南亚增速分别达到 4.5% 和 3.8%，中东欧及中亚增速仅为 1.2%，"一带一路"沿线地区及其他地区电力发展现状及需求增长率预测，如表 3-3 所示。

表 3-3　"一带一路"沿线地区及其他地区
电力发展现状及需求增长率预测

区域		2015 年人均用电量（千瓦时／年）	2016—2040 年电力需求增长率（％）
"一带一路"沿线地区	中东欧及中亚	4117	1.2
	东南亚	1162	3.8
	南亚	752	4.5
	中东	3683	2.8
	沿线平均	1453	3.2
其他地区	中国	4036	2.6
	北美	9541	0.8
	西欧	5577	0.5
	亚太发达国家	8282	0.7
	非洲	559	4.0
	拉美	2070	2.4
世界平均		2828	2.0

数据来源：国际能源署《世界能源展望 2016》。

预估 2016—2040 年"一带一路"沿线地区电力投资规模约 6.11 万亿美元，占世界比例为 31%。其中，南亚电力投资规模最大，预估为 2.83 万亿美元；其后依次为东南亚、中东欧及中亚、中东。"一带一路"沿线地区是电力投资规模最大的地区，预计新增投资规模高于北美、西欧、非洲、拉美等世界其他地区，也高于同期中国电力投资规模。"一带一路"沿线地区及其他地区 2016—2040 年电力行业投资规模预测，如表 3-4 所示。

表 3-4　"一带一路"沿线地区及其他地区 2016—2040 年
电力行业投资规模预测　单位：万亿美元

区域		化石能源发电	核能发电	可再生能源发电	发电投资总计	电网投资总计	电力投资总计
"一带一路"沿线地区	中东欧及中亚	0.32	0.22	0.19	0.73	0.47	1.20
	东南亚	0.29	0.02	0.31	0.62	0.71	1.33
	南亚	0.55	0.12	1.05	1.72	1.11	2.83
	中东	0.16	0.05	0.26	0.46	0.28	0.75
	沿线总计	1.32	0.41	1.81	3.53	2.58	6.11
其他地区	中国	0.42	0.33	1.43	2.18	1.96	4.14
	北美	0.36	0.27	1.06	1.68	1.09	2.78
	西欧	0.24	0.30	1.31	1.85	0.89	2.74
	亚太发达国家	0.15	0.13	0.50	0.79	0.52	1.31
	非洲	0.25	0.03	0.48	0.75	0.82	1.57
	拉美	0.07	0.03	0.47	0.57	0.49	1.06
世界总计		2.80	1.50	7.05	11.34	8.36	19.71

数据来源：国际能源署《世界能源展望 2016》。

2. 电工装备市场前景分析

近年来，中国企业在特高压装备市场和其他中端性能的电工装备市场竞争优势日益凸显，在"一带一路"沿线等发展中国家市场份额逐步提高，部分高端装备已打入发达国家市场。南瑞集团、许继集团、平高集团、东方电气集团、上海电气、特变电工、中国西电等一批企业已成为国际电工装备市场的重要生力军。与国际电工装备企业相比，中国企业在"一带一路"电工装备市场已形成以下突出优势。

以火电、水电装备和特高压为代表的一批高端装备世界竞争力日益增强。伴随电力工业的快速发展，中国电工装备产业已成为自主创新能力最强、国产化水平最高的优势产业，主要产品规模和性能水平已处于世界前列，其中特高压输变电技术、火电超临界机组发电技术应用达到国际先进，大型水电机组制造能力与水平逐步达到世界先进。中国火电、水电装备早已扎根印度、巴基斯坦、越南、老挝、印度尼西亚、苏丹、尼日利亚及巴西、洪都拉斯、智利、委内瑞拉等亚非拉国家。随着中国特高压等新技术的推广和应用，特高压输变电装备已打入欧美发达国家高端市场，并通过投资并购、直接投资建设特高压产品研制基地等方式拓展市场份额，实现了国内优质产能的海外释放，具备了与一流跨国企业同台竞争的基础。特变电工、上海电气、中电装备等中国企业已通过产品与设备出口、工程总承包出口等方式进入国际市场。

中国电工装备具有技术与标准优势。特高压交、直流输电工程代表世界电力科技最高水平，从理论、技术、设计、装备、建设、运行、管理等全面实现"中国创造"和"中国引领"，具有自主知识产权，占据了市场主导权和技术话语权。中国特高压关键技术设备具有国际领先的竞争优势，截至2017年3月，国家电网公司主导编制了39项国际标准。中国电工装备核心技术拥有自主知识产权，具备了参与国际竞争的基础条件。

中国电工装备企业具有全产业链竞争优势。中国电力企业不仅可以提供高端电工设备，还可向业主提供规划、设计、建设、成套设备、施工管理、运维、培训等一揽子服务，可发挥海外电网投资、电源开发、技术咨询、国际标准等对电工装备"走出去"的多轮驱动，这是其他企业所不具备的优势。中国的对外工程承包能力居世界前列，2016年世界前250家国际工程承包商中，有65家是中国内地企业，入围企业数量居世界首位。

三、电力经贸畅通的战略构想

（一）推进电力经贸畅通的战略思路与布局

1. 战略思路

推动"一带一路"沿线地区电力经贸畅通，应以重大项目、重点市场、核心技术为依托，充分利用中国电力企业的技术优势、资金优势、成本价格优势和装备产能优势，创新EPC、BOT等业务拓展方式，积极拓展东南亚、中亚、中东欧、南亚等市场，推动中国电力行业优势产能、技术标准、品牌全方位"走出去"，提升产业链竞争力、推动产业转型升级，提升中国电力行业的国际影响力和话语权。

2. 战略布局

俄蒙中亚及独联体地区：以俄罗斯、哈萨克斯坦和蒙古国为重点市场，以点带面，带动整个地区国际合作发展。探索 BOT、PPP、EPC+ 融资等业务拓展方式，通过带资进入、联合当地公司等多种方式，突破资质认证、标准认证等市场门槛，在保证投资收益的前提下，推动工程承包和设备输出具体项目的实施。发挥中国电力装备制造企业协同优势以及境外投资业务对装备出口的带动作用，提高电工装备市场占有率，推动中国特高压、智能电网、新能源等核心技术和电工装备"走出去"。

东南亚地区：利用亚洲基础设施投资银行和国内金融优惠政策，以带资 EPC 方式承揽东南亚大型输配电工程项目；深入拓展缅甸、老挝等国电力工程承包市场；建立与东南亚各国的产能合作机制，进一步巩固和扩大电力装备市场份额；加强与越南、泰国等邻国的国际能源合作力度。

南亚地区：以中巴经济走廊、孟中印缅经济走廊等为重点，同时兼顾南亚各国发展潜力，带动整个南亚地区电网领域国际合作发展。探索 BOT、PPP、EPC+ 融资等业务拓展方式，通过本地投资设厂、与本土企业合作、招募当地代理、以投融资带动设备出口等多种渠道拓展市场业务，在南亚地区实现特高压和智能电网技术和装备的输出。

西亚、北非地区：充分利用丝路基金、亚投行和国内金融优惠政策，以带资 EPC 方式寻求电力工程承包项目和电工装备出口机遇。稳步开展埃及国家电网升级改造项目，积极跟踪非洲南北电力传输走廊、北非电力传输、埃及—沙特阿拉伯等区域联网及跨国联网建设项目，寻求开展电力工程承包和电工装备出口业务契机。

中东欧地区：以柔性直流输电技术合作、新能源投资为切入点，进入中东欧电力工程承包市场，积极扩大电工装备优质产能的输出质量和规模，在中东欧地区电工装备市场份额稳步提升。

（二）推进电力经贸畅通的战略重点

1. 加快提升电力工程承包业务国际竞争力

创新业务拓展模式，提升电力工程承包业务国际竞争力。积极探索 EPC+ 融资、BOT、PPP 等方式，承揽跨国联网、区域联网、大规模能源基地开发、新能源电源建设与送出等项目，推动在俄罗斯、蒙古国及中亚、南亚、东南亚、西亚、北非等地区的电力工程承包业务。以探索并购工程设计和施工企业等方式，快速获取特定市场的工程设计和施工资质，提升电力工程承包企业的国际竞争力。

2. 完善电工装备境外营销与售后服务体系，推动国际产能合作

加快健全完善电工装备境外营销与售后服务体系，推动电工装备制造国际产能合作。在中亚、中东欧、西亚和北非等地区加快健全完善电工装备营销与售后服务体系，提高电工装备产品的国际竞争力。在巩固单机出口、设备成套等竞争优势的同时，扩大 EPC 工程业务比重。在中东欧、南亚、东南亚等市场积极推动建立生产基地和研发中心，实现产品

本地化。采取差异化市场策略推动国际业务发展。加快推进核心产品的国际资质认证，以及在俄罗斯、中亚等国家及地区的强制认证，取得产品在特定市场的销售许可。

3. 探索一体化综合解决方案

从全球电工装备行业发展态势看，全线产品供应商通常较单产品供应商规模明显更大，在全球化扩张发展中具备更为明显的优势。从服务内容看，涵盖金融服务在内的设计、制造、运维、售后服务等一体化解决方案和全寿命周期服务日益成为国际市场的主流趋势，国际标准与业绩资质也日益成为影响企业竞争的重要因素。电力企业要以一体化解决方案为导向，促进电工装备和电力工程承包走出去。

四、电力经贸畅通路线图

到 2025 年，在俄蒙中亚和独联体地区，推进乌兹别克斯坦大型 EPC 总包项目，实现产品及资质相关认证，大力开发俄罗斯和吉尔吉斯斯坦、塔吉克斯坦、哈萨克斯坦等中亚国家市场；在东南亚地区，加快推进老挝到新加坡输电、色贡水电站和风电厂、缅甸发电厂等项目；在南亚地区，在印度完善电工装备生产基地，健全营销服务体系和售后服务网络，拓展产品销售渠道；在西亚、北非地区，巩固传统 EPC 项目，带动电工产品及技术输出，加快推进尼罗河流域重大水电送出项目开发；在中东欧地区，以 EPC 项目为基础，加快电工装备出口在捷克、匈牙利、罗马尼亚、拉脱维亚、立陶宛等国家的开拓。

到 2035 年，在俄蒙中亚和独联体地区，在俄罗斯和吉尔吉斯斯坦、塔吉克斯坦、哈萨克斯坦等中亚国家占有一定份额；在东南亚地区，电力工程承包业务和装备出口业务市场份额占主导地位，建成高效、互利共赢的电工装备产能合作机制；在南亚地区，在技术管理咨询、工程承包、装备出口等业务领域进行广泛渗透，形成具有显著影响力的高端装备品牌；在西亚地区，力争在西亚市场初步建成以电力工程总承包项目为核心，电工装备出口和技术咨询为辅助的市场布局，引领区域行业技术发展；在北非地区，巩固开关等电力产品的市场主导地位，建立以埃及为中心、辐射区域的设备制造基地；在中东欧地区，扩大电力工程承包业务的份额。

到 2050 年，在"一带一路"沿线重点国家电工装备与电力工程承包业务占据一定的市场份额，进一步提升品牌体系的国际影响力。在独联体及蒙古国地区，电力工程承包和电工装备出口业务在俄罗斯及其他中亚国家具有一定的市场份额和品牌影响力；在东南亚地区，巩固和扩大东南亚与我国电力装备产能合作；在南亚地区，电工装备与电力工程承包业务占据一定的市场份额；在西亚、北非地区，参与建设一批具有国际影响力的大型电力工程，中国电工装备产品占据主要市场份额；在中东欧地区，电力工程承包和电工装备出口业务占据较大份额。

第四章 / 标准认证贯通

一、标准与认证概述

标准、计量、检验检测、认证认可是国际公认的国家质量基础设施。从世界通行的做法来看，国家质量基础设施既是政府发挥监管职能的技术支撑，也是实施国际贸易政策的重要内容。在"一带一路"国家战略中，充分发挥好质量基础的作用，就是要发挥质量基础在国际贸易中的"规则"作用，只有"一带一路"沿线所有国家和地区在质量"规则"上取得最大限度的认同，才更利于彼此生产制造的产品更好地流通和交换。经济合作与发展组织和美国商务部的研究表明，标准和合格评定影响了80%的世界贸易，国际标准认证规则的实施将对国际贸易产生深刻的影响。不遵循通行标准的国家或企业将由于失去"平等竞争"的机会而受到损害，逐渐被排斥在国际市场之外。从全球体系认证、产品认证的发展趋势看，标准和认证将成为一种非关税贸易壁垒，标准和认证是全球贸易的重要通行证。尽早建立相关体系并通过认证，可帮助企业抢占国际贸易先机。

（一）标准和认证为主的技术性贸易壁垒

近年来频频发生"一带一路"沿线国家对中国出口货物加严设限情况，如中国输往俄罗斯水产品滞港事件，造成中国出口企业的重大损失，反映出在认证、注册程序上急需加强协调。"一带一路"沿线数十个国家的认证认可工作发展不均衡、标准多元、法规各异。由于尚未形成检验检测认证互认格局，各国检验检测认证制度和监管体系各不相同，双边贸易时需多次重复检验检测认证。如俄罗斯作为"丝绸之路经济带"的重要国家，是中国重要的贸易合作伙伴，2016年中俄双边贸易额为695亿美元。俄罗斯于1995年颁布《产品及认证服务法》联邦法律，实行产品强制认证制度。根据此法律，商品如果属于强制认证范围，无论是在俄罗斯生产的，还是进口的，都应通过认证并领取俄罗斯国家标准合格证书（GOST合格证）。但同时，俄罗斯目前实施的22000项标准中，有约70%的标准与国际标准不一致，所以要对已通过国际上通行标准认证的产品进行重复测试。不只俄罗斯，作为"海上丝绸之路经济带"中重要国家的印度尼西亚采用的SNI标志认证也是如此，企业不通过其认证，就无法进入印度尼西亚市场。在电力装备领域，俄罗斯及中亚、中东欧、北非等地区电力装备技术标准与中国标准不同。中国电力装备进入当地市场需要重新通过试验认证才能获得销售许可、入网许可，耗时长、成本高，产品推广比较被动。

根据中国国家质量监督检验检疫总局公布的2015年国外技术性贸易措施对中国出口企业影响的调查结果，主要贸易伙伴影响中国工业品出口的技术性贸易措施类型，主要集中在认证要求、技术标准要求、标签和标志要求、包装及材料要求、工业产品中有毒有害物质限量要求共五个方面。显而易见，在各种技术性贸易措施中，认证认可是最主要的一项。以标准、技术法规、认证认可等为主要形式的技术性贸易措施，已成为影响国际贸易的重要因素。标准已成为除法律法规、合格评定程序之外的世界技术贸易壁垒的重要形式之一，越来越多的国家在政策和法规中引用国际标准。随着全球贸易的蓬勃发展，近年来，以标准和认证为主要形式的技术性贸易壁垒还显示出新的发展趋势，主要表现如下：

（1）随着科技进步，检测设备、手段和方法更加先进，发达国家设置技术性贸易壁垒的标准不断增多，要求越来越高。如茶叶，欧盟宣布禁止使用的农药从旧标准的 29 种增加到了新标准的 62 种，部分农药残留含量的新标准比旧标准严格了 100 倍以上。

（2）技术性贸易壁垒与知识产权保护的集成度越来越高。如今技术性贸易壁垒越来越多地以知识产权作为支撑，或直接以知识产权构筑技术性贸易壁垒。

（3）技术性贸易壁垒波及和仿效的影响日益明显。一个产品被实施限制，很容易波及其他相关产品甚至产业。如欧盟 2002 年 5 月通过的生态纺织品服装新指令，将原只有几种纺织品和服装的环境标志产品扩大到腈纶、棉、弹性纤维、亚麻和其他韧性纤维，包括大麻、黄麻和兰麻、含脂毛和其他蛋白纤维、人造纤维素纤维、聚丙烯纤维、纤维和纱线的整理剂等，几乎囊括所有纺织品和服装。

由此可见，技术性贸易壁垒的对象正在由个别产品向整个产业甚至相关产品和产业转移，形式也由人为的、技巧性的技术性规定向技术壁垒转移。这一趋势使得技术水平落后的发展中国家在以技术作为支撑的标准制定谈判中能够得到的利益越来越有限。由于发达国家拥有先进的技术和丰富的标准制定经验，国际标准往往是以发达国家的标准为蓝本制定，或是直接采用发达国家的标准。随着技术不断变化，标准也会随之改变，如果发展中国家只是被动接受和追赶由发达国家主导制定的国际标准，那么不仅成本会越来越高，损失也会越来越大。另外，随着技术性贸易壁垒向整个产业扩散，发展中国家不仅会在技术和标准上始终受制于发达国家，而且从长远来看还会影响其整个产业的发展。由于目前"一带一路"建设尚未形成大区域大合作的发展格局，迫切需要建立标准和认证制度的区域化互认，为"一带一路"自由贸易区的发展提供科技服务支撑。

（二）标准认证在"一带一路"中的作用

标准作为经济社会活动的技术依据、世界的通用语言，在降低贸易成本、促进技术创新、增进沟通互信等方面发挥着不可替代的作用。以标准化促进"一带一路"沿线国家政策通、设施通、贸易通，对支撑互联互通建设，促进投资贸易便利化具有无可替代的基础和支撑作用。全面深化与沿线国家和地区在标准化方面的双多边务实合作和互联互通，积极推进标准互认，有利于中国标准的海外推广应用。推动中国标准"走出去"，有利于提升标准国际化水平，更好地支撑服务我国产业、产品、技术、工程等"走出去"。

标准是引领中国在"一带一路"建设中打造核心竞争力

的重要抓手。标准是科技创新成果的载体，凝结了人类社会的知识、经验和智慧，成为推动社会不断发展的阶梯。世界科技发展经验表明，国家的竞争实力和发展能力，与其技术标准在国际标准体系中的作用直接相关。"一带一路"沿线国家大多处于或即将进入工业化发展阶段，对能源合作、科技发展、装备制造、基础设施建设的需求巨大，随着新能源、物联网、智能制造、智慧城市等新技术突飞猛进的发展，标准成为中国在"一带一路"建设中抢占全球科技制高点、在世界科技和市场竞争中占据主动的重要抓手。

标准是带动中国产业、产品、技术、工程等一起"走出去"的重要依托。标准体系是当前国际竞争中最重要的话语体系，标准竞争的胜利者可以在相当长时期内把握相关技术和市场发展方向，并在带动行业市场上产生广泛的控制力和领导力。如 2012 年中国冶金科工集团有限公司在巴布亚新几内亚投资的瑞木镍钴项目，项目总投资 122.75 亿元，由于在地质、采矿、冶炼、建筑、设备等多个专业均采用中国技术标准，不但节省了大量的技术成本和装备成本，还有力带动了高压釜、浓缩机、余热锅炉等中国装备的出口。据统计，该项目带动中国装备出口额达到 31 亿元，占投资总额的 25%。

标准是促进"一带一路"沿线各国共享发展机遇和成果的重要途径。标准是经济活动的技术依据，是联通世界各国技术经济活动的桥梁和纽带。2013 年，国家电网有限公司代表中国在国际电工委员会（International Electrotechnical

Commission，简称 IEC）设立可再生能源接入电网分技术委员会，并在该技术委员会中牵头制定 3 项国际标准，为世界各国学术界和工业界在该领域开展相关活动提供了统一规范，为各国大容量可再生能源发展提供了行动指南和参考。"一带一路"沿线各国国情差异显著，制度体制、发展水平、风俗习惯、宗教信仰各异，对各国间开展贸易投资合作提出了挑战。通过推动沿线各国技术标准体系的对接和联通，可为国家间的基础设施互联互通、装备制造合作、经济贸易合作提供便利，为进一步增进国家间科技、经贸、文化等各方面交往奠定基础，从而使沿线各国共享发展机遇和成果，共同致力于人类命运共同体建设。

在《推动共建丝绸之路经济带和 21 世纪海上丝绸之路的愿景与行动》中，认证认可工作被纳入"一带一路"建设的"贸易畅通"合作重点。认证认可作为国际通行的现代质量管理手段及贸易便利化工具，在"一带一路"建设中将发挥独特的作用。以认证认可和检验检测为主体的合格评定是便利贸易与消费的重要手段，起着传递信任、沟通生产与贸易、促进生产与消费、便利贸易与消费的纽带作用。认证认可已经成为推动中国经济可持续发展的质量基础，成为中国与世界紧密联系、相互信任、共同发展的桥梁纽带。遵循国际通行规则，尊重各方利益诉求，与世界各国共同推动认证认可的优良实践，是中国自身发展的经验，也是面向未来的愿景。

（三）标准认证贯通取得的阶段性成果

目前中国在一些关键技术领域和优势技术领域，如在高铁、电力、核电、通信等基础设施领域不断取得技术新突破，在国际标准制定上实现了从"跟随"到"引领"的跨越。由中国提出的新能源接入、电动汽车充换电、中医药、煤层气、烟花爆竹等先后成为国际标准化组织（International Organization of Standardization，简称 ISO）和国际电工委员会（IEC）国际标准化工作的新领域。在电工领域，中国使用的技术标准与国际标准的一致率超过 98%。中国的电动汽车充换电标准体系与美国、德国、日本并列为世界四大标准体系。近年来，中国国家电网有限公司通过国际电工委员会（IEC）、电气和电子工程师协会（Institute of Electrical and Electronics Engineers，简称 IEEE）等国际权威标准组织平台，主导立项国际标准 39 项，正式发布 18 项，在国际上率先建立了较为完整的特高压、智能电网标准体系。截至 2017 年 3 月，中国提交并立项的 ISO/IEC 标准达 586 项，其中，ISO 标准 412 项，IEC 标准 174 项，在世界国际标准化过程中发挥了引领作用。

标准不断"走出去"，带动中国技术和产品走向国际，提升了国际影响力和市场竞争力。2015 年 12 月，由中国国家电网有限公司所属中国电力技术装备有限公司总承包建设的埃塞俄比亚复兴大坝 500 千伏输变电工程竣工。项目总投资 14.58 亿美元，是非洲输电线路最长、电压等级最高、输送容量最大的输变电工程，工程全部采用中国生产的电工电气装备，施工大量采用中国技术标准。该工程已成为非洲最先进的输变电工程，被埃塞俄比亚政府确定为青少年爱国主义教育基地，世界银行和多个非洲国家派员考察，对工程质量和技术水平给予高度评价。2016 年 10 月，由中国土木工程集团有限公司等中国企业总承包的埃塞俄比亚到吉布提铁路正式通车，这是海外首次采用全套中国标准和中国设备修建的电气化跨国铁路，全长 740 千米，总投资 40 亿美元。该工程从设计、施工、监理、轨料、施工装备、通信信号和电气化设备、机车车辆，全部采用中国标准和中国设备，对"中国标准"的示范推广具有标志性意义。中国国家电网有限公司正在建设的巴西美丽山一期和中标的巴西美丽山二期 ±800 千伏示范特高压输电项目，也大量借鉴或采用中国技术标准，成为以"中国标准"引领拓展海外业务的典范。

深度参与国际标准化工作，使得中国在国际标准体系中的话语权大幅提升。目前在世界三大权威国际标准组织中，中国已担任 ISO 主席、IEC 副主席、国际电信联盟（International Telecommunication Union，简称 ITU）秘书长等高层职位。在 ISO／IEC 技术委员会中担任主席、副主席的人数达到 59 个，承担秘书处工作的达到 81 个。在 IEC 共 181 个技术委员会和分技术委员会中，中国以正式成员身份参与了所有技术机构的国际标准化活动。2008 年以来，IEC 新成立的高压直流输电等 5 个技术委员会均由中国国家电网有限公司代表中国主导成立。担任权威国际标准化组织的重要职位，深度参与国际标准化活动的战略、政策和规则制定，为中国掌握技术主导权提供了有利条件，使得我国在国际标准体系中的话语权大幅提升。由于中国专家在国际标准制修订工作中作出的突出贡献，自IEC于2004年设立"杰出贡献奖"以来，我国已有46名专家获此殊荣。

目前，中国已经与21个"一带一路"沿线国家标准化机构签署合作协议，在"一带一路"沿线国家中占比32%，不仅在"一带一路"沿线建设了第一条中国标准的铁路，还推动核电、高铁以及移动通信等中国优势产业的相关标准走进"一带一路"，提升了"一带一路"国际合作的质量水平。认证认可是国际通行的质量管理手段和贸易便利化工具，是"一带一路"建设中重要的国际合作领域。目前，中国已与俄罗斯、蒙古国等11个"一带一路"沿线国家建立了认证认可合作机制，与哈萨克斯坦、印度等20个国家建立了合作渠道。通过发挥认证认可的独特作用，开展国际互认，提升了"一带一路"沿线各国在经贸领域的互信水平，减少国际贸易壁垒，促进各国质量提升和经济贸易可持续发展。

2017年5月14—15日，在中国北京主办了"一带一路"国际合作高峰论坛，"一带一路"标准与认证工作取得丰富成果。中国国家质量监督检验检疫总局与蒙古国、哈萨克斯坦、吉尔吉斯斯坦、乌兹别克斯坦、挪威、爱尔兰、塞尔维亚、荷兰、阿根廷、智利、坦桑尼亚等国相关部门签署检验检疫合作协议，与联合国工业发展组织、乌克兰和阿塞拜疆相关部门签署标准、计量、认证认可等国家质量技术基础领域合作协议，与俄罗斯、白俄罗斯、塞尔维亚、蒙古国、柬埔寨、马来西亚、哈萨克斯坦、埃塞俄比亚、希腊、瑞士、土耳其等国有关部门签署《关于加强标准合作，助推"一带一路"建设联合倡议》。

二、沿线各国标准与认证

（一）俄蒙中亚地区

1. 俄白哈海关联盟认证

2009 年 11 月 27 日，俄罗斯、白俄罗斯、哈萨克斯坦三国元首签署了包括《关税同盟海关法典》在内的 9 个文件，俄白哈海关联盟正式成立，开启了区域经济一体化进程的第一步，新的成员国为塔吉克斯坦和吉尔吉斯斯坦。为了使海关联盟成员国之间的贸易流通更加便捷，消除各自原有认证种类不同所造成的技术法规壁垒，更好地实施技术规范认证，2011 年 1 月 1 日新的海关联盟技术规范认证正式生效，并于 2012 年 1 月 1 日起正式开始实施。海关联盟认证（Customs Union Technical Regulations Certificate），又称海关联盟技术规范认证或关税同盟认证，英文缩写为 EAC 认证或 CU-TR 认证。凡属于俄白哈海关联盟认证范围内的设备或产品，在通过联盟成员国海关时必经出示海关联盟证书，海关联盟证书是证明该产品符合海关联盟技术法规的唯一证明。根据产品特点和风险程度的不同，海关联盟认证证书分为海关联盟认证符合性证书 COC 和海关联盟认证符合性声明 DOC，如

图 4-1 所示。每个海关联盟认证技术规范指令都明确规定了符合性证书 COC 和符合性声明 DOC 的实施范围，需根据申请产品的情况进行相应的判断。海关联盟技术规范认证的实施，整合了各成员国各自原有的认证技术要求，确保了在海关联盟各成员国内，执行统一的技术法规和评估模式、产品认证目录、认证证书形式以及技术监管与注册。

（a）符合性证书 COC　　　　　（b）符合性声明 DOC

图 4-1　海关联盟认证证书

2. 俄罗斯

CU-TR 认证范围以外的产品在进入俄罗斯市场时，仍需通过俄罗斯国家认证（俄文缩写 GOST）、俄罗斯电网公司认证，对于计量设备还需通过计量认证。

GOST 标准为俄罗斯国家标准，是国家级的强制认证，取得 GOST 证书是办理对俄罗斯出口商品海关手续和在俄罗斯市场销售的必不可少的程序，没有 GOST 证书无法办理进口手续，也不能在俄罗斯市场上销售。出口俄罗斯的商品基本上须经过 GOST 认证。

对于应用于俄罗斯电网的电力设备必须通过俄罗斯电网公司的企业标准及企业认证（简称俄网认证）。俄网认证为企业认证，程序复杂，要求严格，耗时较长。根据俄罗斯电网公司规定，其管辖范围内包括用于变电站建造和线路铺设的超高压、高压和中压设备、低电压等级设备、继电保护和自动化装置、通信设备、控制和测量装置、监控系统、自动化系统和各类电力材料等均需通过认证。

根据《统一计量法》的规定，在俄罗斯境内使用的计量设备需进行计量认证，以证明计量工具完全符合俄罗斯计量要求，适于在国家计量监督和控制的范围使用。计量认证由联邦技术规范及计量局直接签发，根据计量规则对测量工具精准度和检查方法等进行检测，证明测量工具完全符合国家计量要求，适于在国家计量监督和控制的范围使用。生产商或授权商需要向联邦技术规范及计量局提出申请，递交样品测试，根据对样品的测试结果决定是否签发证书。通过计量认证必须提交相应的材料，并通过俄罗斯计量署代表的驻厂检查，一般所需时间为半年左右。

3. 乌兹别克斯坦

乌兹别克斯坦至今为止尚未建立起一套独立的对机电

产品安全质量的认证标准体系，机电产品的制造标准和进口检测认证标准基本上沿用苏联制定的国家标准。但随着改革的深入、与国际经济的逐渐接轨，一些国际通用的机电产品检验认证标准正得到采用，如凡是符合 ISO 9002 国际机电产品认证标准的产品在乌兹别克斯坦均予以承认。根据乌兹别克斯坦内阁出台的《关于对乌兹别克斯坦进口商品合同及进口商品进行卸前独立检验的程序》规定，乌兹别克斯坦进口商品检验需符合国际贸易商会（International Chamber of Commerce，简称 ICC）的规定程序及出口产品质量标准，符合世界贸易组织（World Trade Organization，简称 WTO）关于商品检验的有关规定及国际商检局协会的有关条例。

此外，凡符合下列条件的进口商品将获得合格商品检验证书：①在数量、质量及价格条款等方面均满足进口国要求；②符合国际通用惯例；③符合乌兹别克斯坦共和国法律法规；④符合有关部门对进口特殊商品、技术设备、技术、专利和许可要求。进口商凭合格商品检验证明向乌对外经济联络部申请进口合同的正式登记注册。

该程序还对进口商品的检验程序做了如下规定：①进口商品价值低于 5 万美元不进行卸前检验；②凡根据乌兹别克斯坦对外经济联络部颁发的许可证而进口的特殊商品不进行卸前检验；③出口商必须提供商品出口国出具的检验证书。

乌兹别克斯坦对进口商品合同的认证及进口商品的检验由乌兹别克斯坦对外经济联络部授权委托几家国外咨询公司

负责，其基本检测程序为：

（1）进口商向咨询公司提出商品检验申请并与之签订检验合同。

（2）咨询公司将申请发给其在商品出口国的子公司或代表处。

（3）分支机构出口商向其索要相关文件并与之商定检验时间和地点进行检验。

（4）咨询公司出具最终检验证书。

（二）东南亚地区

1. 泰国

泰国实行强制认证和自愿认证相结合的认证制度。泰国《工业产品标准法》授权泰国工业标准协会（Thai Industrial Standards Institute，简称 TISI）负责泰国的认证工作。TISI 既是泰国强制认证的政府主管机构，又是标准制定与管理、认证的机构，同时还是实验室认可、人员培训与注册机构。值得注意的是，泰国没有非政府的强制性认证机构。TISI 有权根据已制定的泰国标准对产品进行认证，对于符合标准的产品，允许使用 TISI 标志（见图 4-2）；对于还没有制定标准的产品，TISI 实行产品注册作为一种临时认证手段。泰国政府要求实行强制性认证的产品有 60 个大类，涉及 8 个领域，包括电气设备和附件、医疗设备、建筑材料、日用消费品、车辆、PVC 管、LPG 燃气容器及农产品。除此之外，其他类别产品的认证都属于自愿性认证。

（a）自愿性 TISI 认证标志　　　　　　（b）强制性 TISI 认证标志

图 4-2　TISI 标志

2. 印度尼西亚

印度尼西亚国家标准（Standard National Indonesia，简称 SNI）是在印度尼西亚国内唯一适用的标准，由印度尼西亚技术委员会制定并由印尼国家标准局定义。印尼工业部已经发布了 53 种强制性工业标准，涉及汽车及摩托车零部件、家电、建材、电缆等领域。未通过印度尼西亚国家标准认证的产品，将被禁售；已流入市面的产品将予强制下架撤出。所有出口到印度尼西亚的管制产品都必须有 SNI 标志（见图 4-3），否则不能进入印尼市场。

图 4-3　SNI 认证标志

印度尼西亚的标准化主管部门是印度尼西亚国家标准总局，该局由 2001 年第 103 号总统法令批准成立，取代原印尼标准化委员会。该局属于非政府机构，其主要职责是发展和促进印度尼西亚的标准化。

（三）南亚地区的印度

根据 1986 年的《印度标准局法》，印度标准局具体负责产品认证工作，是印度唯一的产品认证机构。印度标准局颁布的 ISI 标志（见图 4-4）是产品符合印度标准的标志，也是产品符合规格的证明。所有的印度标准局认证均执行印度标准，检测合格获得证书的，使用通用的 ISI 标志。40 多年来，ISI 标志在印度及其邻国是优质产品的象征。由于相当一部分印度标准与 ISO 标准、IEC 标准一致，印度标准号也与 ISO/IEC 标准基本一致，某些标准还具有双重编号，因此冠以 IS/ISO、IS/IEC 双重标志。

图 4-4　ISI 认证标志

印度规定进口机电企业都必须获得 IEC 标准。印度政府将敏感地区设定为安全排除区域，给中国电力设备制造商设限。ISI 认证须经厂验及生产线产品抽查，使用 ISI 标志除了需缴纳检验费外，还要缴纳进口额 1% 的费用。

印度标准局发证规模分为两类：榜首类和第二类。

榜首类。ISI 认证适用于任何国家制造商，包括：① 纺织品；② 化学药品和杀虫剂；③ 水泥和混凝土；④ 金属制品和仿金属制品；⑤ 机械设备；⑥ 电气电子和光学设备；⑦ 汽车配件；⑧ 农商品，食物，饮料和烟草；⑨ 皮制品；⑩ 木制品；⑪ 纸和纸浆商品；⑫ 测验器械；⑬ 建筑材料；⑭ 抽水、灌溉、排水和污水设备。

第二类。强制性注册商品中的电子信息技术设备，包含：① 机顶盒；② 便携式电脑；③ 笔记本；④ 平板电脑；⑤ 屏幕尺度在 32 寸及以上的显示器；⑥ 视频监视器；⑦ 打印机；⑧ 绘图仪；⑨ 扫描仪；⑩ 无线键盘；⑪ 电话答录机；⑫ 主动数据处理器；⑬ 微波炉；⑭ 带电网电源的电子时钟；⑮ 显示屏；⑯IT 设备电源适配器；⑰AV 设备电源适配器；⑱UPS（不间断电源）；⑲ 直流或沟通 LED 模组，LED 驱动；⑳ 电池；㉑自镇流 LED 灯；㉒LED 灯具；㉓ 手机；㉔ 收款机；㉕ 销售终端设备；㉖复印机；㉗智能卡读写器；㉘邮政处理机、主动盖印机；㉙通行证阅读器；㉚移动电源。

（四）西亚北非地区

1. 埃及

埃及标准与质量组织（Egyptian Organization for Standards

and Quality，简称 EOS）是埃及负责标准化活动、质量管理和工业计量的官方机构，其目标是提高埃及产品在国际和地区市场的竞争力，保护消费者和保护环境。埃及认可的国际标准有六个，分别是：ISO 标准、IEC 标准、欧洲标准（European Norm，简称 EN）、美国国家标准学会（American National Standards Institute，简称 ANSI）标准、美国材料与实验协会（American Society of Testing and Materials，简称 ASTM）标准和日本工业标准（Japanese Industrial Standards，简称 JIS）。

埃及的质量标志（EQM）是 EOS 认可的标志，带有 EQM 标志的产品可以认为该产品已按相关的埃及标准和国外标准通过检验、测试和保证，其生产企业应用了综合质量管理体系，并满足要求的准则和规定，确保企业有能力提供优质产品。不同工业行业的产品要获得质量标志许可证，应由企业提交申请并依照 EOS 实施的技术研究结果进行，其中技术研究的结果应包括产品符合相关埃及标准的要求。

埃及符合性标志（ECM）是 EOS 对符合相关强制性埃及标准的工程产品的认可标志。对于强制性部令规定的工程产品，必须加贴复合型标志。EOS 对工程产品需进行定期测试和检查，以检验其是否符合相关埃及标准。

埃及符合性证书（ECC）是 EOS 在企业的要求下颁发的证书，获得该证书的产品可以认为其符合埃及标准，并按照要求进行了技术研究。符合性证书体系的目标是确保使用的产品符合埃及标准，在提高产品质量和降低成本的情况下，保证产品遵循标准要求，促进产品在埃及和国际市场具有竞争力。对提供产品特殊样品获得符合性证书的产品，必须通过测试以检验其是否符合埃及标准。

埃及通信市场是中东乃至非洲发展最快的市场之一。根据埃及国家电信管理局颁布的相关法规，所有在埃及境内使用的通信设备都必须取得其认证，包括：①终端设备，如各种类型的电话机、传真机（声音连接装置）、插卡式/付费电话机、LPU（线路保护装置）、各种类型的大众/私人交换机、GSM移动站和电话；②无线电通信设备，如无线电发送/接收设备、卫星通信设备、无绳电话、雷达装置；③所有室内/室外、有线/无线的IT通信设备。

2. 沙特阿拉伯

沙特阿拉伯标准组织（Saudi Arabian Standards Organization，简称SASO）是沙特阿拉伯唯一的标准化机构，负责执行所有关于标准和测量的工作，包括制定并通过所有商品和产品的国家标准以及商品计量、校正、市场、标记及鉴定的有关标准、抽样方法、检验检测及SASO董事会指定的其他工作；通过最适当的途径发布标准；通过宣传和其他方法促进标准化的普及，协调标准和测量有关的所有工作；参加阿拉伯地区、地区性和国际性组织的工作。

SASO标准中有很多是在IEC等相关国际组织安全标准的基础上建立的。像很多其他国家一样，沙特阿拉伯根据自己国家的民用及工业电压、地理及气候环境、民族宗教习惯等在标准中添加了一些特有的项目。为了实现保护消费者的目的，SASO 标准不只针对从国外进口的产品，对于在沙特阿拉伯本土生产的产品也同样适用。

SASO 制定的国际符合性认证计划（ICCP 计划）以及 CoC 符合性证书对进口厂商采取强制检验。科威特、阿联酋等国也于 2003 年开始实施一项综合计划——对规定产品进行包含符合性评定、装船前验货及认证，以保证进口的商品出运前能全面符合产品标准。沙特阿拉伯全球型企业也正借助先入地位对亚洲进口企业制造行业壁垒。沙特阿拉伯工业及商务部和 SASO 要求，所有 SASO 认证标准包含的产品在进入海关时须有 SASO 认证证书，没有 SASO 证书的产品会被港口海关拒绝入境。沙特阿拉伯标准组织的技术人员将对证书进行检查；如不能出具 SASO 证书，产品将会被拒绝入境或抽样到沙特阿拉伯工业及商务部或沙特阿拉伯标准组织的实验室进行检测，如检测不合格，产品将会被拒绝入境，一切费用由出口企业承担。

目前，SASO 已发布标准 4200 多项，其中在电子电气方面发布了 358 项标准，主要涉及各类电气产品的安全要求和检测方法，每种产品的标准都分别编制了安全、性能要求和测量方法两份标准。

根据 SASO 规定，国际符合性认证包含所有成人及儿童在住所、办公或娱乐场所使用的产品，所有机动车及零配件，以及建筑产品。这些产品主要可分为以下类别：空调、制冷设备、采暖设备；电池；化妆品；玩具；压缩机及风扇；家用电子电器设备；家用压力锅；电线电缆；传真机；家用开关及断路器；灯具及照明设备；电梯及升降系统；发动机；办公用电子电器设备；个人电脑；电源；电话；机动车及零配件；建筑产品、涂料等。

3. 南非

南非国家标准局（South African Bureau of Standards，简称 SABS）是于 1945 年设立的南非贸工部的下属机构。SABS 除制定标准外，还代表国家管理强制性规范标准，对符合规范的产品，授予标志使用权，主要负责南非的体系认证及产品认证。现在 SABS 认证已成为南非政府控制产品进出口的重要机构。

SABS 认证是南非强制性产品认证，只要管制的产品出口到南非都必须出示 SABS 证书。目前南非约有 70 项强制性标准，主要涉及电子电气设备及其部件、机动车及其零部件以及食品等。有关电子电器产品认证主要分为安规、电磁兼容两方面。电气电子设备及其部件的生产和进口必须获得授权书及电磁兼容性证书。

另外，针对出口南非市场的无线通信设备，需要向南非独立通信局进行型号认证申请。

（五）中东欧地区

IEC 标准是该地区通行标准。CB 认证是取得进入相关国家市场准入证的前提。另一种安全认证标志 CE 标准，被视为制造商打开并进入欧洲市场的护照。中东欧国家如波兰的设备标准均采用欧洲标准，并且有比较高的准入门槛和技术性限制，例如变压器 50% 的部件需要在欧盟地区生产等问题；另外，波兰当地还有比较复杂的设备准入证书申请制度，其电力系统拥有多家针对不同输变电设备和材料的认证中心和设计院，参与项目之前需要拿到相关的认证证书。

1. 欧洲标准

欧洲电工标准化委员会（European Committee for Electrotechnical Standardization，简称 CENELEC）和欧洲标准化委员会（European Committee for Standardization，简称 CEN）以及它们的联合机构共同的欧洲标准化组织（CEN/CENELEC）是欧洲最主要的标准制定机构。

CENELEC 成员由欧洲共同体 12 个成员国和欧洲自由贸易区 7 个成员国的国家委员会组成。除冰岛和卢森堡外，其余 17 国均为 IEC 的成员国。CEN 成员国与 CENELEC 的相同，除卢森堡外，其他 18 国均为 ISO 成员国。在业务范围上，CENELEC 主管电工技术的全部领域，而 CEN 则管理其他领域。CENELEC 与 CEN 长期分工合作后，又建立了 CEN/CENELEC。但 CEN、CENELEC 仍继续独立存在。1988 年 1 月，CEN/CENELEC 通过了标准化工作共同程序，且将 CEN/CENELEC 编制的标准出版物分为下列三类：

（1）欧洲标准（EN）：按参加国所承担的共同义务，通过 EN 将赋予某成员国的有关国家标准以合法地位，或撤销与之相对立的某一国家的有关标准。成员国的国家标准必须与 EN 保持一致。

（2）协调文件（HD）：这也是 CEN/CENELEC 的一种标准。按参加国所承担的共同义务，各国政府有关部门至少应当公布 HD 标准的编号及名称，与此相对立的国家标准也应撤销。成员国的国家标准至少应与 HD 标准协调。

（3）欧洲预备标准（ENV）：由 CEN/CENELEC 编制，拟作为今后欧洲正式标准，供临时性应用；在此期间，与之相对立的成员国标准允许保留，两者可平行存在。CEN/CENELEC 规定：对于 EN 和 ENV，可采用同一种编号系统。其中 40000 以下的编号属于 CEN，50000 以上的归CENELEC，介乎其中的属于 CEN/CENELEC。

1988 年 3 月，根据欧洲共同体委员会的建议，成立了欧洲电信标准化协会（European Telecommunications Standards Institute，简称 ETSI）。ETSI 与 CENELEC 工作上有交叉，为此两机构进行了分工。CENELEC 主管下列方面的标准：①安全；②环境条件；③电磁兼容；④设备工程；⑤无线电保护；⑥电子元器件；⑦无线电广播接收系统及接收机。ETSI主管：①无线电领域的电磁兼容；②私人用远距离通信系统；③整体宽频带网络（包括有线电视）。

2. ROHS 认证

ROHS 是由欧盟立法制定的一项强制性标准，它的全称是"关于限制在电子电器设备中使用某些有害成分的指令"(Restriction of Hazardous Substances)。该标准已于 2006 年 7 月 1 日开始正式实施，主要用于规范电子电气产品的材料及工艺标准，使之更加有利于人体健康及环境保护。该标准的目的在于消除电机电子产品中的铅、汞、镉、六价铬、多溴联苯和多溴二苯醚共 6 项物质，并重点规定了铅的含量不能超过 0.1%。

3. CB 认证

CB 体系，即电工产品合格测试与认证的 IEC 体系，是国际电工委员会电工产品合格测试与认证组织（The IEC System for Conformity Testing and Certification of Electrical Equipment，缩写 IECEE）运作的国际体系。IECEE 各成员国认证机构以 IEC 标准为基础，对电工产品安全性能进行测试，其测试结果——CB 测试报告和 CB 测试证书在 IECEE 各成员国得到相互认可。CB 认证目的是为了减少由于必须满足不同国家认证或批准准则而产生的国际贸易壁垒。

参加 CB 体系的主体来自包括主要的工业化国家在内的 53 个国家的指定机构，目前 CB 认证流程被认为是欧盟内许多国家（包括那些尚未成为正式成员国的国家）国内认证的基础。但是 CB 认证仅为样品检测，如果再转换国外认证标志时，则需要进行工厂检查。国内申请人在申请 CB 认证时，应注意先向中国质量认证中心（China Quality Certification Centre，简称 CQC）及 CB 实验室说明欲出口的国家 / 地区，以便认证机构帮助了解该国家的标准差异情况，及时安排差异实验，避免申请人向外国认证机构／检测机构申请时再补做实验，推迟认可过程和投入更多的费用。CB 认证标志如图 4-5 所示。

图 4-5　CB 认证标志

　　CB 认证的范畴主要包括电池、光伏、能效、电磁兼容、电动玩具、工业自动化设备、电动车辆、电线电缆类、家用电器类、照明设备类、信息技术和办公用电器设备、电子娱乐设备、电动工具类、低压大功率设备、安装附件及连接装置、整机保护装置、器具开关及家用电器控制器、电容器、安全变压器等共 23 类。获得 CB 认证的好处主要在于方便转换为国内外各种认证要求，如 VDE、GS、UL、CU、SASO、澳洲 RCM 以及中国 CCC 等认证。另外 CB 报告的公信力比较高，也可以直接得到东南亚等许多国家或地区买家的认可。

　　4. CE 认证

　　CE 是法语"欧洲共同体"的意思，欧洲共同体后来演变成了欧洲联盟。CE 认证标志是一种安全认证标志，被视为制造商打开并进入欧洲市场的护照。凡是贴有 CE 认证标志的产品就可在欧盟各成员国内销售，无须符合每个成员国的要求，从而实现了商品在欧盟成员国范围内的自由流通。CE 认证标志如图 4-6 所示。

CE 认证只限于产品不危及人类、动物和货品的基本安全要求，而不是一般质量要求，因此 CE 认证标志是安全合格标志而非质量合格标志。

图 4-6　CE 认证标志

在欧盟市场 CE 认证标志属强制性认证标志，不论是欧盟内部企业生产的产品，还是其他国家生产的产品，要想在欧盟市场上自由流通，就必须加贴 CE 认证标志，以表明产品符合欧盟《技术协调与标准化新方法》指令的基本要求。CE 认证标志适用欧盟 28 个欧洲国家，CE 认证要得到欧盟的认可，一般要求是德国技术监督协会（TUV）的授权机构做检测认证报告即可，目前有三种发证模式：

（1）企业自主签发的符合性声明书——Declaration of conformity / Declaration of compliance。此类证书属于企业自我声明书，不应由第三方机构（中介或测试认证机构）签发，因此，可以用欧盟格式的企业符合性声明书代替。这是企业自己的一种证明。

（2）第三方机构（中介或测试认证机构）颁发的符合性声明——Certificate of compliance。此类证书必须附有测试报告等技术资料（TCF）；同时，企业也要签署符合性声明书。

（3）欧盟标准符合性证明书——EC Attestation of conformity。按照欧盟法规，只有欧盟公告机构才有资格颁发欧盟标准符合性证明书。

欧洲法律规定，加贴了 CE 认证标志的产品投放到欧洲市场后，其技术文件必须存放于欧盟境内供监督机构随时检查。技术文件中所包含的内容若有变化，技术文件也应及时更新。

三、标准认证贯通重点

（一）努力提升产品和技术标准水平

中国要想参与世界范围内激烈的市场竞争，必须拿出在世界范围内品质出众的产品和高端先进的技术，而提高自身产品和技术标准正是推动中国经济迈向中高端水平的关键。国家标准是企业标准的"底线"，国内标准应当等同或高于国际通常标准，要秉持开放的心态和追求卓越的精神，有差距就积极改进、主动赶超，力争领先。当今经济社会的发展进步，客观上也要求产品和技术标准必须与时俱进、不断创新提升。促进标准和认证在"一带一路"范围内的贯通，必须着眼于国内外两个方面。对内苦练内功，提升产品自身和标准的质量水平；对外提升中国标准的国际化水平，推动中国标准"走出去"，让标准成为对质量的"硬约束"。

提高国内行业标准，使落后产业与国际接轨，在制定具体标准时尽量与国际标准相衔接。通过供给侧结构性改革对生产效率、产能利用率进行提升，着力提高供给体系质量和效率，提高全要素生产率。

大力推动电网、铁路、通信等优势领域技术标准国际化，将大量自主创新成果由中国标准转化为国际标准。巩固提升中国在交通、电力、通信、港运等领域的核心优势，加快推动相关领域的企业标准、行业标准、国家标准转化提升为国际标准，率先突破标准瓶颈，以国家之力推进标准制修订和国际化力度，形成中国标准"走出去"的坚实基础。积极争取在国际电工装备标准体系方面的话语权，推进具有高度自主创新成果的高速列车、特高压、智能电网、新能源、核电等装备设备的技术标准国际化，为装备企业"走出去"和开展国际产能合作扫清技术标准壁垒。同时，紧跟全球经济活动中具有巨大市场潜力和利益增长点的新型产业技术发展，瞄准能源电力技术发展最新趋势，着力推动原始创新，在战略性新兴产业领域率先掌控国际标准制定权，从而抢占新一轮能源科技革命和产业变革的制高点。

（二）大力推动中国标准"走出去"

标准的含义甚至大于技术本身，中国标准的输出意味资金、技术、管理等整套生产链的中国化。中国电力企业通过几十年的快速发展，已经形成了整套完善的行业技术标准体系，通过中国资本带动中国标准、中国技术的输出，可以不断扩大"一带一路"沿线各国电力基础设施领域市场占有率，加强区域电力互联互通的融合程度，这符合"一带一路"合作共赢的精神。中国标准"走出去"可以提升中国装备制造业的整体水平，也有利于建立完善的国际化管理团队和施工队伍。以高铁为例，采用中国标准的高铁技术是一个多学科、多领域、高新技术的合成，中国标准在海外的采用对大型设备生产行业提出了更高的要求，经过更多的设备生产和出口将会促进装备制造业的结构升级、技术升级，大大提高国家技术装备的国际竞争力。在很多国家的电力工程项目中，中国签订的合同都是设计采购施工合同（即"交钥匙"工程），从规划、设计、施工到运营整个过程的"一条龙服务"。签订这样的合同主要是基于很多国家缺乏有技术、有经验的管理团队。如果中国标准在这些国家得以实践，工程的实施就必须依赖中国技术团队的帮助，这样无疑会带动中国技术团队在海外市场的发展，也能培养出更多国际化的管理团队和施工队伍。

然而目前，中国标准"走出去"还面临许多困难，主要表现在两个方面。一是中国在国际标准体系中的话语权较弱。美、日及部分欧洲国家，不仅垄断着高端技术和工艺，也垄断着全球通行的技术标准、质量标准和服务标准，通过标准和规则的制定牢牢占据着世界产业链的最高端。如部分中东国家，虽然自身技术能力较弱，但是推崇欧美的工业技术和标准，中资企业进入面临巨大压力。一些国家长期执行欧洲标准，特别是电力、石油炼化、交通运输及其他基础设施建设领域，已经形成固定渠道来源的欧洲技术标准体系和庞大的既得利益集团。一些国家电力项目甚至明确规定不能使用中国标准，而是采用日韩或欧美标准。二是中国标准在国际上难以被广泛接受。以小水电领域为例，中国小水电技术已经相当成熟并且逐步建立起比较完整的小水电标准体系。但水电"走出去"过程中面临着中国标准是否被国际接受的考验，中国企业在"走出去"投资和参与工程建设因标准不统一而产生分歧的事件也屡有发生。2011 年 9 月 30 日，中国水电企业参与投资建设的缅甸密松水电站项目由缅甸总统吴登盛宣布在其任内搁置，给中方企业带来重大损失。其直接原因是公众及非政府组织对项目环境影响和移民工作不满，对环评程序等不予认可。相比国际标准和其他国家，发达国家小水电标准都采用美国、欧洲和国际组织的标准。除了少数发展中国家有自己的水电标准外，其他发展中国家基本上没有自己独立的水利水电标准体系，而直接套用发达国家的标准。

　　因此加强中国标准"走出去"，以中国标准促进"一带一路"

互联互通，应该着重从以下几个方面重点突破。

一是在国际上加大对中国标准的推广力度。事实上，与欧美标准相比，今天中国在许多领域的技术标准是非常严格和先进的。然而受意识形态差异和欧美国家挤压等方面的影响，很多国家对中国标准仍存在误解和质疑。中国企业应通过多种途径和形式，向当地技术人员、政府官员、企业人员讲解我们的设计理念、产品优越性等。加大实施样板工程、示范工程，邀请国外政府、企业、业主等进行参观，扩大中国标准的影响范围。

二是注重中国海外监理代理公司的培养。目前中国在国际上承揽的工程，虽然很多也采用了中国的技术规范，但是监理公司无一例外来自国外。由于外国监理对欧美标准比较熟悉，对于中国的技术规范却知之甚少，使得大多数国外监理不认可甚至怀疑中国的技术规范，这在很大程度上阻碍了中国标准"走出去"计划和"一带一路"倡议的顺利实施。中国应加大对国际化监理人员的培养，逐步使中国监理公司展露在国际舞台，通过熟知中国标准的中国监理与业主进行沟通，进而使中国的技术规范被国际市场所了解。

三是通过与西方国家合作的方式开展项目。中国标准"走出去"计划和"一带一路"倡议的顺利实施不能完全靠中国企业在海外市场单打独斗。在很多国家存在地方保护主义思想的时候采用与当地公司组成联营体的形式也是一种巧妙思路，不仅可以取得当地政府的信任，更可以使中国的技术标准在工程所在国市场得以发展。以中国技术规范为标准并在当地公司实施的模式，更能证明中国标准的适用性，也更具有说服力。

四是因地制宜，推行项目工程的当地化。中国企业的海外工程不仅要更多地雇用当地工人，技术员甚至管理层也应该考虑从当地人中培养。通过当地培养或在当地开设技术学校的模式，推广中国较为先进的工程理念和技术标准、中国制造的设备和材料等。一旦当地的技术人员被培养出来，中国标准的推广工作便能事半功倍。

五是充分利用融资机构促进中国标准海外落地。中国企业不仅要在宣传上做推广，也应该在融资渠道上寻求助力。中国企业应加大和金融机构的合作，密切联系并充分利用好"两优贷款"及较低利息的商业贷款，大力推行中国标准在国际工程上的应用，同时中国金融机构在贷款合同的条款中均应明确提出应以中国标准为实施工程的条件，从提供资金方面帮助中国标准打开国际市场的大门。

（三）推进标准和认证结果的互认机制

"一带一路"沿线国家之间应该从共同利益出发，在互信基础上，通过合作方式建立标准制度的互认机制，以消除彼此间的贸易壁垒，实现贸易便利、产生共赢的效果。国家之间通过合作达成互认和信任机制，承认并尊重各国根据自己的经济条件和资源基础自行制定标准的权利，能够解决长期以来困扰国际贸易的重复测试、检验和认证问题，大大降低贸易成本，促进国际贸易活动。在认可彼此技术标准的基础上，在签订互认协议的国家之间，一国出口产品若在出口前已按与贸易伙伴国签订的互认协议的规定在国内指定的测试、检验或认证机构通过检验，就不需要在进口国重新检验，能够直接将产品从产地运往最终销售点。不仅能节省高额离岸认证费用，而且可降低出口产品的成本，实现一种产品一次认证，简化了贸易手续，减少了贸易障碍，加快了产品投放市场的速度。

因此，标准互认贯通的重点，一是加强产业共性技术研发，形成自主产业技术标准；二是要健全测试、检验、认证制度和机构，加强与"一带一路"沿线国家标准化机构的双边、多边互利合作和互联互通，在双方共同关注的领域，重点推进标准互认工作，共同推动产品标准的协调一致，减少和消除贸易壁垒；三是要加强与"一带一路"沿线国家的技术交流，积极推进各国在电力技术标准、电力工程设计资质、电力工程业绩等领域的相互认证水平，带动电力行业技术标准的国际化水平。引导有关国家在电力装备产品原产地认定、关税等方面给予合理认定，提高电力装备产品"大通关"效率，打造"中国制造"新形象，带动国内电力装备产品"走出去"。

推动"一带一路"沿线国家和地区之间标准和认证认可结果的互认，一方面要紧跟国际标准化组织和发达国家标准化组织的有关标准文件和技术，不断完善和改进中国的认证认可标准化体系。一方面还要开展"一带一路"沿线国家和地区认证认可标准与中国的差异性分析和互认评价关键技术研究，建立认证认可结果互认合作模式。另外，在资源、环境及综合利用等高新技术产业，形成认证认可技术标准体系储备，提升中国在认证认可领域的国际声望和权威性，增强中国认证认可在国际贸易中的地位和有效性。随着国际自由贸易区的发展，区域性互认组织不断发展，还要以相互交流融合为纽带，做好认证认可制度扩充，促进认证认可体系区域化健康发展。

（四）积极参与国际标准化工作

国际标准是全球治理体系和经贸合作发展的重要技术基础，在全球范围内得到广泛认可和应用。对于具有高度自主创新成果的优势领域，我国要积极推动企业标准、行业标准、国家标准上升为国际标准。同时紧跟全球经济活动中具有巨大市场潜力和利益增长点的新兴产业技术发展方向，在战略性新兴产业领域率先掌控国际标准制定权，抢占产业发展制高点。同时要积极实质性参与 ISO、IEC、ITU 等国际权威标准化组织的各项工作和活动，鼓励和输送中国优秀的专业标准化人才进入国际标准化机构和平台工作，从领导决策层，再到技术专家岗位、基层工作岗位，为中国参与国际标准化活动争取全方位话语权。建立以企业为主体、相关方协同参与的国际标准化活动工作机制，培育、发展和推动优势、特色技术标准成为国际标准，服务企业和产业"走出去"。吸纳各方力量，加强标准外文版翻译出版工作。加大国际标准跟踪、评估力度，加快转化适合中国国情的国际标准。加强口岸贸易便利化标准研制，服务高标准自贸区建设，运用标准化手段推动贸易和投资自由化便利化。同时，对于三大国际标准化组织以外的国际行业标准机构和组织，同样需要重点关注积极参与，以打通国际标准制定修订的国内外信息传递和交流通道。

第五章 / 资本资金融通

"一带一路"沿线国家通过电力发展促进经济社会发展的愿望强烈，但电力基础设施重大项目面临着建设能力不足、回收周期长、资金需求规模大等问题。中国已向620家中外银行机构发布了《中国银行业服务"一带一路"倡议书》，倡议与沿线国家加强银行、证券、保险合作及金融监管合作，共同推进货币区域化、国际化。同时，"一带一路"倡议也获得亚洲基础设施投资银行、世界银行、金砖国家新开发银行等众多国际多边开发金融机构的积极支持，为填补对资金的迫切需求提供了有益助力。建设一条资本资金通融的电力丝绸之路，需要不断丰富融资渠道、创新融资方式、扩大融资主体，构建一个多层次、多元化、多主体的金融体系，从而为建设电力丝绸之路提供坚实支撑。

一、"一带一路"电力投融资特点

基础设施融资的共性特征是融资规模大、期限长、风险高，短期回报率通常达不到私人资本的盈利要求。而建设电力丝绸之路涉及大量海外电力基础设施项目，除了具有一般基础设施项目融资的共同特点外，还具有以下特点：

一是资金缺口较大。"一带一路"沿线国家大多是发展中国家，电力基础设施建设进程相对落后，打造电力丝绸之路面临巨大的融资缺口问题。电力投资建设行业兼有资金密集型和劳动密集型的特点，需投入的资金规模大、融资谈判复杂、融资难度大。亚洲开发银行预测，2010—2020年亚洲地区需要投入 8 万亿美元基础设施建设资金，才能支撑目前经济增长的水平。区域基础设施建设还需要额外投资数千亿美元。现有的亚洲开发银行、世界银行等多边金融机构难以提供足够的资金支持。

二是融资途径少且贵。目前国内融资成本普遍高于国际资本市场融资成本，在国内进行外币融资的渠道较为单一，跨境金融合作力度不够强。中资银行贷款报价较高的主要原因是外汇资金来源少，以外汇存款和外汇买卖等被动性来源为主，取得外汇资金的成本较高，导致中资企业在国际投标中缺乏竞争力；而外资银行的风险偏好导致其对"一带一路"沿线国家提供大额融资的可能性较低。加之部分"一带一路"沿线国家存在经济发展相对落后、行政审批效率低、金融环境不佳等问题，缺乏通过资本市场筹集资金的能力和经验。

三是融资风险较高。总体来讲，"一带一路"沿线国家多数风险较高，不少国家存在政局动荡、地缘冲突等问题。中国出口信用保险公司发布的《"一带一路"沿线国家风险分析报告》显示："一带一路"沿线国家中，中等风险国家有 43 个，占 68.2%；高风险国家 16 个，占 25.4%。对于海外带资建设项目和绿地投资项目，均有工程周期长、风险多发的特点，且受沿线地区自身政治经济、社会、环境的影响，容易面临政治风险、汇率风险、债务风险、通胀风险、人员安全风险等。

由于项目资金需求巨大、周期长、风险多，单一的投融资模式往往难以满足项目建设的需要，应该采取传统和创新模式相结合的方式，在因地制宜选择适合的传统融资模式的同时，不断探索尝试新的融资模式。在开展电力投融资时，若资金需求量大，投资回报期长，市场不完善，则需以开发性金融为主导；若资金需求迫切，则需考虑金融的长期可持续性；若跨境金融合作层次较低，集中度较高，则需要通过总体的规划和长远的蓝图来进行统筹。

二、"一带一路"现有投融资方式

1. 主要融资来源

按照资金来源，目前"一带一路"沿线国融资来源大致分为五类：一类是国内政策性银行，如国家开发银行和中国进出口银行，其中国家开发银行是中国最大的对外投融资银行，两者不仅提供传统授信，而且建立了中外合作基金；二是新兴多边开发金融机构，以亚投行和丝路基金为代表，两者均以国际标准建立，其中丝路基金主要以股权投资为主；三是国内商业银行，主要以四大国有商业银行为主，其中中国银行和中国工商银行凭借其海外分支机构和成熟的多元化融资服务体系，在融资中市场份额较大；四是世界多边金融机构，其中世界银行和亚洲开发银行与"一带一路"建设关联密切；五是以中国进出口信用保险为代表的辅助机构。

2. 主要融资模式

"一带一路"沿线电力项目的主要融资模式可分为以下

九种：

（1）境内政策性出口信贷和商业出口信贷支持。利用政策性银行贷款融资，可以提高业主方及其所在国资本金收益率。此类项目要求在同时满足所在国政府、企业所在国投资主管部门、融资银行要求的最低资本金比例基础上进行配套项目融资，借款人一般为项目所在国财政部。对于不能提供主权担保的项目，可寻求中国出口信用保险公司支持，以争取国内商业银行和政策性银行融资支持，确保资金链安全。

（2）境外银行信贷支持。与多边开发性金融机构以及国际知名商业银行开展合作，借助其他合作机制实现多渠道融资，考虑参与国际银团招标，借助辛迪加贷款等方式降低风险。扩大信贷融资规模和服务范围，丰富业务品种，积极开展国际并购贷款、工程项目贷款、国际保理等创新型业务。

（3）发展国际债券市场。鼓励更多沿线国家政府和机构在香港等离岸市场发行人民币债券等。可以以单个项目或项目组合为主开展资本金投融资，或针对项目短期流动资金借款，获得低成本资金。在投产项目规模不断扩大的基础上，条件成熟时择机对部分风险可控的已投产项目进行股权融资置换、债务再融资或卖断融资。

（4）鼓励机构投资者、民间资本的介入。鼓励保险公司、社保基金、企业年金等机构投资者参与投资。鼓励民间资本通过 PPP 模式、BOT 模式、PE 基金等方式参与投资。

（5）加强货币合作。推进人民币与周边其他国家货币的直接挂牌、兑换、交易。研究建立中亚地区的人民币清算中心，扩大代理行数量。发行中国与周边国家通用的银行卡，扩大银联卡在沿线国家的适用范围。

（6）金融机构和企业的合作。支持沿线国家金融机构与网点在对方境内互设分支机构，加强沿线国家商业银行之间的合作，在境内外本外币密集使用的地区尝试设置兑换点和自动存取款机设备，便利小额现金交易。

（7）金融基础设施合作。与沿线国家中央银行和金融主管部门进行沟通与协作。建立上海合作组织各国间金融主管部门协调合作机制，定期交流沟通区域内金融形势，协调各自立场。建立信息交流机制，包括定期对货币结算代理行的资信程度给予公布。

（8）国家和省（自治区、直辖市）专项基金。专项基金一般由国家或省（自治区、直辖市）政府出资，如外储资金、财政资金或政策性银行资金等，同时还能吸收其他资金，并交由政策性银行管理。中国已有专项基金管理机构的运作经验，比如国开行设有中非发展基金，截至 2018 年 9 月该基金规模已达到 100 亿美元，累计对非洲 36 个国家的 90 多个项目投资超过 46 亿美元，投资遍及基础设施、产能装备、农业民生、能源资源开发等各个领域。近一半的省（自治区、直辖市）设立了"一带一路"相关专项基金，为"一带一路"建设提供资金保障，这些省区市主要分布在华东和华南地区。

（9）沿线各国国内的金融资源。"一带一路"沿线国家的资金需求非某一个国家所能独立负担。尽管"一带一路"沿线国家发展水平高低有别，但均有本国的储蓄、信贷，也有债券、股票等直接融资市场，本国的金融资源理应成为本国基建的资金"活水"。目前中国已与"一带一路"沿线国家签署多份资金融通协议，设立融资机构，与多个国家间实现双边本币互换，开展金融监管合作。

3. 中国融资模式

自提出"一带一路"倡议以来，中国在原有双多边金融合作机制下，倡导成立了亚洲基础设施投资银行、金砖国家新开发银行、丝路基金、中非产能合作基金等新型多边金融机构（见表5-1），并增加了出口信用保险规模，为"一带一路"建设提供融资保险支持。

表5-1　中国倡导成立的新型融资机构

新型融资机构	成立时间	概况
中国—东盟投资合作基金	2009 年 4 月	总规模 100 亿美元
金砖国家新开发银行	2014 年 7 月	法定资本金 1000 亿美元
中国—欧亚经济合作基金	2014 年 9 月	总规模 50 亿美元
丝路基金	2014 年 12 月	总规模 400 亿美元，首批资本金 100 亿美元
中拉产能合作基金	2015 年 6 月	首批本金 100 亿美元
中欧共同投资基金	2015 年 6 月	中欧双方同意共建，与欧洲投资计划对接

新型融资机构	成立时间	概况
南南合作基金	2015 年 9 月	首期提供 20 亿美元，2017 年 5 月宣布增资 10 亿美元
亚洲基础设施投资银行	2015 年 12 月	法定资本金 1000 亿美元
中哈产能合作基金	2015 年 12 月	可能规模 60 亿美元
中国—阿联酋共同投资基金	2015 年 12 月	总规模 100 亿美元，一期规模 40 亿美元
中非产能合作基金	2016 年 1 月	首批资本金 100 亿美元

2016 年 6 月，亚投行确定了首批四个项目，孟加拉国境内的电力配送升级和扩容项目、印度尼西亚的国家贫民窟升级项目（预计与世界银行联合融资）、巴基斯坦境内连接旁遮普省的绍尔果德与哈内瓦尔的 M-4 高速公路（与亚洲开发银行和英国贸易发展部联合融资）、塔吉克斯坦境内连接该国首都杜尚别与该国和乌兹别克斯坦边境的一条公路项目（欧洲复兴开发银行联合融资），共投资 5.09 亿美元。

同时，中国积极加入国际金融机构，已经与 35 个国家或地区开展货币互换，为加强与包括"一带一路"地区在内多个国家的金融合作、提供双边投融资和贸易创造了便利条件。2016 年 1 月，中国正式加入欧洲复兴开发银行，并与塞尔维亚、摩洛哥等国签署了双边本币互换协议。与中国人民银行签署双边本币互换协议的机构如表 5-2 所示。

表 5-2　与中国人民银行签署双边本币互换协议的机构

序号	国家/地区央行及货币当局	签署时间	流动性支持规模
1	埃及中央银行	2016 年 12 月 6 日	180 亿元人民币/470 亿埃及镑
2	塞尔维亚国家银行	2016 年 6 月 17 日	15 亿元人民币/270 亿塞尔维亚第纳尔
3	摩洛哥中央银行	2016 年 5 月 11 日	100 亿元人民币/150 亿摩洛哥迪拉姆
4	塔吉克斯坦央行	2015 年 9 月 7 日	30 亿元人民币/30 亿索摩尼
5	智利中央银行	2015 年 5 月 25 日	220 亿元人民币/22000 亿智利比索
6	白俄罗斯共和国国家银行	2015 年 5 月 10 日	70 亿元人民币/16 万亿白俄罗斯卢布
7	马来西亚国民银行	2015 年 4 月 17 日	1800 亿元人民币/900 亿林吉特
8	南非储备银行	2015 年 4 月 10 日	300 亿元人民币/540 亿南非兰特
9	澳大利亚储备银行	2015 年 4 月 8 日	2000 亿元人民币/400 亿元澳大利亚元
10	亚美尼亚中央银行	2015 年 3 月 25 日	10 亿元人民币/770 亿亚美尼亚元
11	苏里南中央银行	2015 年 3 月 18 日	10 亿元人民币/5.2 亿苏里南元
12	巴基斯坦国家银行	2014 年 12 月 23 日	100 亿元人民币/1650 亿巴基斯坦卢比
13	泰国银行	2014 年 12 月 22 日	700 亿元人民币/3700 亿泰铢
14	哈萨克斯坦共和国国家银行	2014 年 12 月 14 日	70 亿元人民币/2000 亿哈萨克坚戈
15	香港金融管理局	2014 年 11 月 27 日	4000 亿元人民币/5050 亿港币
16	加拿大中央银行	2014 年 11 月 8 日	2000 亿元人民币/300 亿加元
17	卡塔尔中央银行	2014 年 11 月 3 日	350 亿元人民币/208 亿里亚尔
18	俄罗斯联邦中央银行	2014 年 10 月 13 日	1500 亿元人民币/8150 亿卢布
19	韩国银行	2014 年 10 月 11 日	3600 亿元人民币/64 万亿韩元
20	斯里兰卡中央银行	2014 年 9 月 16 日	100 亿元人民币/2250 亿卢比

序号	国家 / 地区央行及货币当局	签署时间	流动性支持规模
21	蒙古国中央银行	2014 年 8 月 21 日	150 亿元人民币 /4.5 万亿图格里克
22	瑞士国家银行	2014 年 7 月 21 日	1500 亿元人民币 /210 亿瑞士法郎
23	阿根廷中央银行	2014 年 7 月 18 日	700 亿元人民币 /380 亿阿根廷比索
24	新西兰储备银行	2014 年 5 月 22 日	250 亿元人民币 /50 亿新西兰元
25	欧洲中央银行	2013 年 10 月 9 日	3500 亿元人民币 /450 亿欧元
26	印度尼西亚银行	2013 年 10 月 1 日	1000 亿元人民币 /175 万亿印尼卢比
27	冰岛中央银行	2013 年 9 月 30 日	35 亿元人民币 /660 亿冰岛克朗
28	阿尔巴尼亚银行	2013 年 9 月 12 日	20 亿元人民币 /358 亿阿尔巴尼亚列克
29	匈牙利中央银行	2013 年 9 月 9 日	100 亿元人民币 /3750 亿匈牙利福林
30	英格兰银行	2013 年 6 月 22 日	2000 亿元人民币 /200 亿英镑
31	巴西中央银行	2013 年 3 月 26 日	1900 亿元人民币 /600 亿巴西雷亚尔
32	新加坡金融管理局	2013 年 3 月 7 日	3000 亿元人民币 /600 亿新加坡元
33	乌克兰国家银行	2012 年 6 月 26 日	150 亿元人民币 /190 亿格里夫纳
34	土耳其中央银行	2012 年 2 月 21 日	100 亿元人民币 /30 亿土耳其里拉
35	阿联酋中央银行	2012 年 1 月 17 日	350 亿元人民币 /200 亿迪拉姆美姆
36	乌兹别克斯坦共和国中央银行	2011 年 4 月 19 日	7 亿元人民币

三、资本资金融通的重点

资金融通是推进电力丝绸之路建设的重要支撑。"一带一路"沿线国家众多，各国金融体制千差万别，存在几十种货币以及复杂的货币管理制度。面对电力丝绸之路建设的资金需求，需要在现有金融框架下进行多方筹划，综合运用信贷市场融资、债券市场融资和股权市场融资等手段，构建起由政府、企业、社会等多元化投资主体共同参与的，融资成本低、渠道多样化、权益可主导、稳定可持续、风险可对冲的电力丝绸之路资金融通体系（见图5-1），服务"一带一路"地区电力基础设施投资、建设、运营以及电力装备和工程国际产能合作。总体目标是打造多方密切配合、联动高效的金融工具群，切实推动电力基础设施投资合作的可行性、收益性、便利性和安全性。具体可从以下方面进行构建：合理采用政府主导和市场主导的融资模式、与已有的国际投融资机构合作、探索成立专门的投融资基金、探索发行电力建设债券、探索商产融结合模式、持续推进人民币跨境使用等。

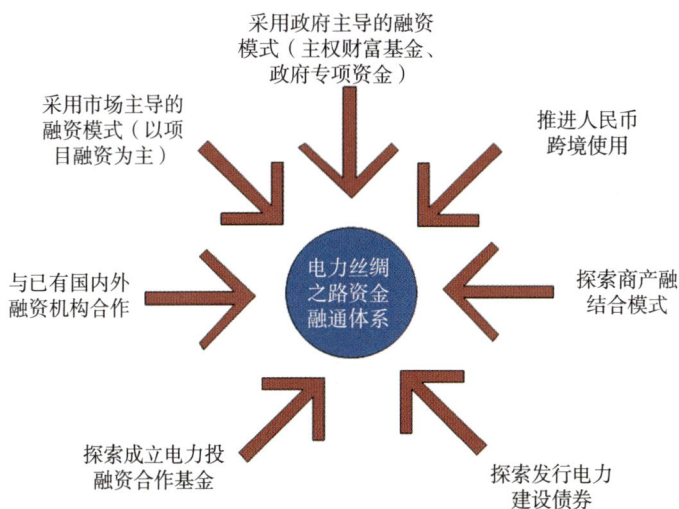

采用政府主导的融资模式（主权财富基金、政府专项资金）

采用市场主导的融资模式（以项目融资为主）

推进人民币跨境使用

电力丝绸之路资金融通体系

与已有国内外融资机构合作

探索商产融结合模式

探索成立电力投融资合作基金

探索发行电力建设债券

图5-1　电力丝绸之路资金融通体系

（一）积极争取政府主导的融资模式

"一带一路"沿线如尼泊尔、土库曼斯坦、印度尼西亚等很多新兴国家的国民储蓄率高于世界平均水平，因此政府层面具有对外投资的基础和潜在积极性，但缺乏向电力等基础设施投资的渠道和机制。

（1）寻求主权财富基金支持。利用主权财富基金不仅能够弥补基础设施建设的资金缺口，而且可以增强与相关国家政府的长期利益绑定，减少政治风险，尤其是减少政权更迭带来的风险。全球主权财富基金资金实力雄厚，根据美国主权财富基金研究所对全球 78 家主要主权财富基金的估算，截至 2018 年 2 月，全球主权财富基金资产总规模约 7.65 万亿美元。2008—2018 年全球主权财富基金资产规模趋势如图 5-2 所示。

万亿美元

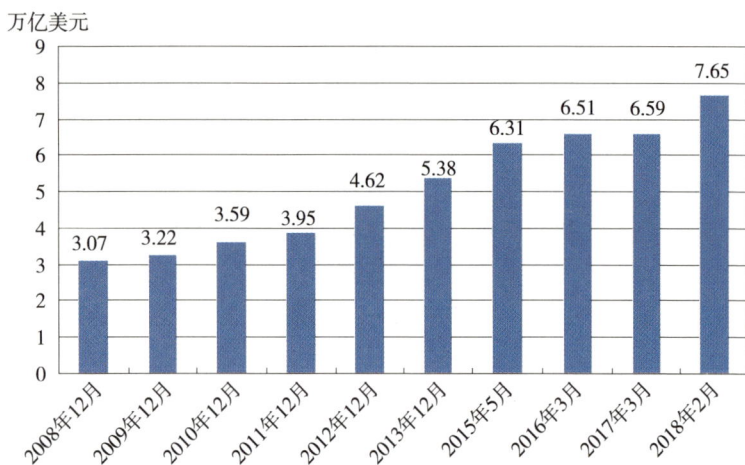

数据来源：美国主权财富基金研究所。

图 5-2　2008—2018 年全球主权财富基金资产规模趋势

（2）关注、及时申请国家境外投资合作专项资金，降低投资成本。海外电力投资项目资金规模大、财务费用高，可积极利用国家专项资金政策支持，降低投资成本。中国中央财政安排了对外经贸发展专项资金，用于优化对外贸易结构，促进对外投资合作，改善对外经贸公共服务等。其中对符合条件的境外投资合作项目予以资本金投入、直接补助及贷款贴息的专项资金支持。

（二）用好市场主导的项目融资模式

对于现金流较稳定的能源电力类项目，可采用项目融资方式筹集资金。即投资类项目公司作为借款人，以项目的部分或全部资产作为贷款担保，以项目公司的现金流和收益作为还款来源。

金融危机爆发后，国际基础设施项目融资出现两个重要特点：一是新兴市场国家基础设施的项目数量和金额上升较快，成为基础设施投融资快速发展的重要区域。二是私人部门参与国际基础设施项目融资的规模不断上升。私人部门对基础设施投资成为基础设施投融资的重要来源。根据世界银行最新数据显示，2015 年全球私人部门参与基础设施投融资总额为 1116 亿美元。未来解决"一带一路"沿线部分区域电力建设投资资金不足的问题，不仅要靠公共资本的先导作用，也要充分调动私人资本的积极性。

（1）BOT 模式，即建设—经营—转让模式，是基础设施投资建设、经营和转让的一种方式，以政府和私人资本或外资之间达成协议为前提，政府向后者授予基础设施的特许权，允许其在特许期内负责融资、建设、运营管理、享有收益并承担风险，特许权到期后将项目移交给政府。BOT 模式的基本运作如图 5-3 所示。该方式能够充分利用私人资本或外资，丰富了基础设施项目的资金来源。由 BOT 模式还衍生出其他类似的模式，如 BT、BOOT、BTO、BOO 等。

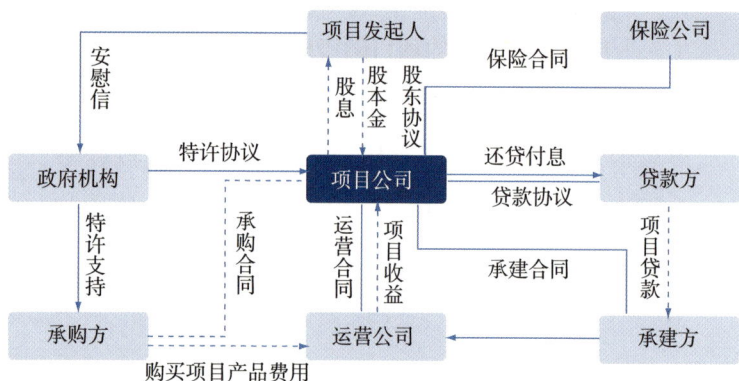

图 5-3　BOT 模式的基本运作

（2）PPP 模式，即公私合作模式，也称政府和社会资本合作模式。国际 PPP 项目一般由政府作为发起人发起，由政府和私人部门共同投资设立。

PPP 模式的基本运作（见图 5-4）：在政府与私人部门完成最初的招标和相关谈判后，双方按比例投入一定资本金筹建项目公司，通过银行等金融机构获得债权融资，政府部门将特许经营权转让给项目公司。承建商与项目公司签订建造合同，建造合同可能是 BT 或 EPC 总承包形式。项目公司向承建商、供应商支付相关费用，运营商与项目公司签订运营维护合同，项目公司向运营商支付相关费用，保险公司与项目公司就相关债券签订保险合同。项目公司获取投资回报，一般有使用者付费、使用者付费＋政府购买、政府购买三种模式。项目公司向股权资本和债权资本分配收益，项目公司和政府共同承担投资建设和运营风险。

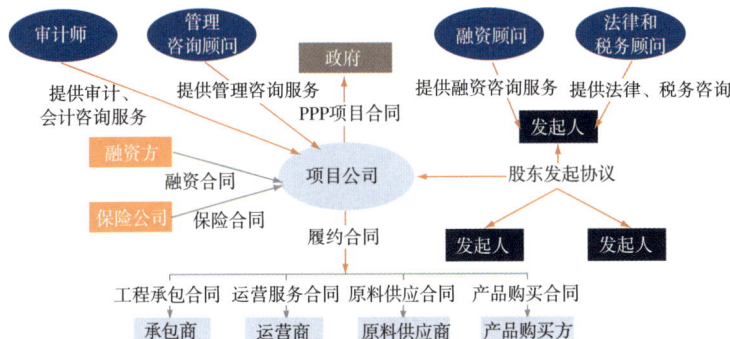

图 5-4 PPP 模式的基本运作

PPP 模式一方面可以帮助弥补融资的缺口，另一方面可以通过私营机构的管理能力和创新意识，保证投资的高效性和回报率。PPP 模式可以看作是资本市场的杠杆，撬动庞大的民间资本，同时吸引中国和"一带一路"沿线甚至全球其他地区资本，实现金融创新，有效解决市场和资金的长期矛盾。国际上，PPP 模式作为一种投融资模式为基础设施提供更多资金，同时施工企业也可将高效的管理经验和实际操作模式直接在基建项目中体现出来，通过早期介入，长期合作，与政府建立互助互信的关系，帮助政府少走弯路，降低项目风险，通过"专业的人做专业的事"，提高公共物品的供应效率，实现项目的价值最大化。

（3）ABS模式，即资产证券化融资模式，主要以项目资产可能带来的预期收益为保证，通过一定的机制设计将资产风险与收益要素进行分解与重组，从而转化为可在金融市场进行交易和流通信用权证的过程。

（4）URM模式，即使用者付费模式，指政府通过招标的方式选择私人投资主体，由私人投资主体进行基础设施项目开发、建设，由政府负责收费或保证收费，并通过一定的技术和合同设计转移给投资者作为回报。

（5）融资租赁模式，是承租方将资产出售，然后向买方租回使用，或向出租人要求购买某种资产并承诺租用的融资方式。针对大型成套电力设备出口类项目，可通过直接租赁或售后回租的模式，将"融资"与"融物"结合，以降低贷款人对项目融资担保结构的要求，融资程序便捷，融资成本相较于出口信贷类项目也更低。

（6）信托融资模式，是指基础设施建设方设计抵押物或资产，直接寻找或委托合作银行寻找信托机构，依托信托机构针对具体项目设立信托计划，向社会筹集资金，将筹集到的资金通过信托机构投入到项目中去。

（三）加强与国内外投融资机构合作

海外电力投资项目可加强与世界银行、国际货币基金、欧洲复兴开发银行、亚洲开发银行、非洲发展银行等传统的国际大型金融机构的合作，利用好中非、中哈、中阿基金等政府框架下双多边融资机构的支持。利用好亚洲基础设施投资银行、丝路基金、金砖国家新开发银行和其他区域内多边机构，调动和协调上合组织银行联合体等资源，以银团贷款、银行授信等方式开展多边金融合作创新和深化，加强与沿线国家的金融合作，广泛开发电力投资建设的金融资源。

同时，充分利用国内多家银行之间角力"一带一路"市场的竞争局面，选择适合的银行和融资产品。目前政策性银行、商业银行、股份制银行等纷纷主动融入国家"一带一路"倡议，在"一带一路"沿线国家增设分支机构，提供多种融资产品，并暗自角力。电力企业可抓住这一机会，积极与国内银行联系，充分获得国内商业银行在流动资金贷款上的优势，确保资金链安全。同时拓宽融资品种，充分研究各银行特色业务并加以利用，满足不同电力项目的个性化需求。

2015年4月，中国长江三峡集团公司、丝路基金有限责任公司与巴基斯坦私营电力和基础设施委员会签署合作备忘录，成为丝路基金有限责任公司2014年底注册成立后投资的首个对外投资项目，标志其开始开展实质性投资运作。丝路基金有限责任公司采取股权加债权的方式投资中巴经济走廊优先实施的能源项目——卡洛特水电站项目。在股权投资方面，丝路基金为中国长江三峡集团公司控股的中国三峡南亚投资公司注资，提供项目资本金支持。三峡南亚公司是中国长江三峡集团公司在南亚国家的投资运营平台，主要投资巴基斯坦等国家的水电、风电等清洁能源开发项目。在债权投资方面，丝路基金与中国进出口银行、国家开发银行、国际金融公司组成银团，为该项目提供贷款资金支持。

（四）探索成立电力投融资基金

针对"一带一路"沿线电力投资建设项目，可探索成立专门的投融资基金，充分吸收社会闲散资金，为建设电力丝绸之路寻求更加对口的资金支持。目前，中国投资协会海外投资联合会正在召集企业成立"一带一路"建设投资基金管理平台，其中就包括电力建设基金。

（五）探索发行电力建设债券

针对"一带一路"沿线电力建设项目，可探索尝试由沿线国家政府和信用等级较高的企业、金融机构在相关国家发行债券，为沿线国家的电力建设筹集所需资金。项目债券是依据单独项目设计出来的债券产品，可以通过政府或多边发展金融机构参与等得到信用增级。项目债券标准化程度较高，可以在公开市场上进行交易，流动性较强。在"一带一路"沿线地区开展电力投资建设，可以根据不同项目特点，设计发行不同类型的债券，扩大资金来源渠道。

（1）项目所在国家电力建设国债。以"一带一路"沿线电力投资建设项目为信托，向项目所在国或其他国家发行电力建设国债，广泛吸收国外民间资本，扩大融资来源。

（2）发行绿色债券。绿色债券是清洁能源项目融资所使用的公司债券、项目债券以及次主权债券的统称。项目的"绿色"程度会直接关系到债券的发行利率。绿色债券将享受政府的监管优惠和税收优惠，多边开发性金融机构也将为其提供部分担保，降低债券的发行成本。据统计，2010年全球发行的绿色债券仅为40亿美元，而2016年已经达到820亿美元，2017年上半年的绿色债券发行量已达400亿美元。2016年中国绿色债券在境内外发行总量达2300亿元人民币，成为世界最大的绿色债券市场。截至2017年6月底，中国境内绿色债券和绿色资产支持证券共计发行80只，发行规模达2573.20亿元，涉及发行主体50家，发行主体覆盖了民营、国资及混合所有制等多种类型企业。

（3）伊斯兰地区投资项目适时发行伊斯兰债券。伊斯兰债券是按照伊斯兰法律制定发行的一个债券品种。伊斯兰债券持有人无论是在基础资产实现的过程中还是债券到期日都享有对该资产收益的所有权而非债权。伊斯兰发展银行是伊斯兰债券的主要参与者。

目前，国际上普遍看好伊斯兰债券的影响力和前景。亚洲开发银行鼓励发行该债券，美国最大的上市基金管理公司富兰克林邓普顿基金公司认为伊斯兰债券正日益成为全球主流金融体系的组成部分。我国经济学家巴曙松等指出伊斯兰债券的影响力不断上升，发行币种由各国当地货币逐渐转变为美元。英国于 2014 年成为第一个发行伊斯兰债券的西方国家，主要为房地产项目融资。中国香港政府分别于 2014 年 9 月、2015 年 3 月先后发行两笔伊斯兰债券，并在 2016 年 5 月表示可能择机发行第三笔伊斯兰债券。2015 年 12 月，中国内地房地产企业碧桂园在马来西亚发行首批伊斯兰中期债券。此债券以马来西亚林吉特计价，面值为 1.15 亿林吉特（约 1.75 亿人民币），计划发行总额上限为 15 亿林吉特。

（六）探索商产融结合模式

在开展海外电力投资建设过程中，应探索商业资本、金融资本、产业资本力量相结合的方式，以"集团军作战"模式获得融资支持，并实现整个产业链的利益最大化。财团模式更多地体现在日本的产业海外转移过程中。日本在第二次世界大战后的海外经济扩张中，首先由综合商社走出去，完成信息收集掌握工作，如通过开展贸易的方式了解当地的资源、产业情况，先建立办事处，接着金融资本利用商社的情报力量获取投资信息。然后，再把产业资本引入，在当地企业入股，办合资或独资公司等，在此过程中产业资本从商社和金融资本获得了更多的融资支持。

（七）持续推进人民币跨境使用

推进人民币跨境使用能够为包括电力投资建设在内的"一带一路"建设提供稳定的金融环境，促进投资贸易便利化，降低在相关国家进行投资和贸易活动的结算成本和汇率风险，提升沿线国家金融安全水平。目前跨境人民币业务政策框架已经基本建立。在该框架下，人民币在跨境贸易和投资中的使用进一步扩大，中国已与 35 个国家或地区签署双边本币互换协议，与俄罗斯、蒙古国、哈萨克斯坦等国家签订了本币结算协定，在维护金融稳定、投资贸易便利化、规避汇率风险等方面发挥了积极作用。

今后需要根据市场驱动的原则为境外人民币跨境结算、清算和回流提供便利条件。如在"一带一路"沿线国家和主要经贸往来国率先建立扩大人民币结算体系，扩大以人民币国际化为中心的双边本币互换规模；落实好现有本币结算协议，推进商签更多的本币结算协议；在有需要的国家建立人民币清算行，加快建设人民币跨境支付系统；促进人民币离岸市场发展，为有需要的周边国家相关机构进入中国银行间债券市场提供便利；推动以人民币出资来扩容现有基金规模或新设合作基金等。

参考文献

[1] 中华人民共和国外交部."一带一路"国际合作高峰论坛成果清单 [EB/OL]. [2017-05-16]. http：//www.fmprc.gov.cn/web/zyxw/t1461873.shtml.

[2] 中华人民共和国国家发展和改革委员会.能源发展"十三五"规划 [EB/OL]. [2016-12-26]. http：www.ndrc.gov.cn/zcfb/zcfbtz/201701/W020170117335278192779.pdf.

[3] 中华人民共和国国家能源局.电力发展"十三五"规划 [EB/OL]. [2016-11-07]. http：//www.gov.cn/xinwen/2016-11/07/content_5129638.htm.

[4] 王义桅."一带一路"机遇与挑战 [M].北京：人民出版社，2015.

[5] 舒印彪.加快中国标准"走出去"助力"一带一路"建设 [N].人民日报，2017-5-3（10）.

[6] 国网能源研究院.全球能源分析与展望（2017）[M].北京：中国电力出版社，2018.

[7] 刘拓."走出去"价值论——以电网企业为例 [M].北京：经济科学出版社，2015.

[8] 罗雨泽."一带一路"基础设施投融资机制研究 [M].北京：中国发展出版社，2015.

[9] 赵江林.21世纪海上丝绸之路：目标构想、实施基础与对策研究 [M].北京：社会科学文献出版社，2014.

[10] 刘振亚.全球能源互联网 [M].北京：中国电力出版社，2015.

[11] 罗英杰.国际能源安全与能源外交 [M].北京：时事出版社，2013.

[12] 徐小杰.世界能源中国展望（2013—2014）（精简双语版）[M].北京：

社会科学文献出版社，2014.

[13]胡学萃.巴基斯坦达苏水电站获世行贷款 [N]. 中国能源报，2014-6-16（22）.

[14]吴崇伯.印尼如何应对东盟经济共同体的挑战 [J]. 学术前沿，2016（19）：56-63.

[15]中华人民共和国商务部.2017 年度中国对外直接投资统计公报 [M]. 中国经济出版社，2017.

[16]余瀛波.“一带一路”认证认可标准差异障碍亟待打通 [J]. 质量探索，2015，12（9）：1-3.

[17]周章贵，Imran Ali Sandano，赵建达，等.“一带一路”能源合作：小水电的机遇与挑战 [J]. 小水电，2016（01）：1-5.

[18]孙鑫.中国标准助推高铁“走出去”[J]. 国际工程与劳务，2015（07）：63-65.

[19]联合国贸易和发展组织.世界投资报告 2012——迈向新一代投资政策 [M]. 北京：经济管理出版社，2013.

[20]联合国贸易和发展组织.世界投资报告 2014——投资与可持续发展目标：一项行动计划 [M]. 北京：经济管理出版社，2015.

[21]联合国贸易和发展组织.世界投资报告 2017——投资与数字经济 [M]. 北京：经济管理出版社，2018.

[22]中华人民共和国商务部.2013 年度中国对外直接投资统计公报 [M]. 北京：经济管理出版社，2014.

[23]中华人民共和国商务部.2015 年度中国对外直接投资统计公报 [M]. 北京：经济管理出版社，2016.

[24]中华人民共和国商务部.2017 年度中国对外直接投资统计公报 [M]. 北京：经济管理出版社，2018.

[25]张明，王永中，等.中国海外投资国家风险评级报告 2014[M]. 北京：中国社会科学出版社，2014.

[26]庞中英.重建世界秩序——关于全球治理的理论与实践[M].北京：中国经济出版社，2015.

[27]中国社会科学院世界经济与政治研究所《世界能源中国展望》课题组.世界能源中国展望2014—2015[M].北京：中国社会科学出版社，2015.

[28]查道炯，李福胜，蒋姮.中国境外投资环境与社会风险案例研究[M].北京：北京大学出版社，2014.

[29]李向阳.亚太地区发展报告（2015）[M].北京：社会科学文献出版社，2015.

[30]武常歧.中国企业国际化战略——理论探讨与实证研究[M].北京：北京大学出版社.2014.

[31]塞缪尔·亨廷顿.文明的冲突与世界秩序的重建[M].北京：新华出版社，2015.

[32]孟宪兵，吴芳泽.大战略之战：整体战[M].北京：中国青年出版社，2014.

[33]中国人民大学重阳金融研究院.谁来治理新世界——关于G20的现状和未来[M].北京：社会科学文献出版社，2014.

[34]张友棠.中国企业海外投资风险辨识模式与预警防控体系研究[M].北京：中国人民大学出版社，2013.

[35]方磊."一带一路"建设的融资建议[J].国际工程与劳务，2016(10)：65-66.

[36]谢文心.略论俄罗斯电力市场化改革与中国投资应对举措[J].经济问题，2010（12）：60-63.